한국의 차 문화 천년

1

한국의 차 문화 천년 1
조선 후기의 차 문화—시詩

송재소·유홍준·정해렴 외 옮김

2009년 6월 22일 초판 1쇄 발행
2015년 2월 5일 초판 3쇄 발행

펴낸이 한철희 | 펴낸곳 돌베개 | 등록 1979년 8월 25일 제406-2003-000018호
주소 (413-756) 경기도 파주시 회동길 77-20(문발동)
전화 (031) 955-5020 | 팩스 (031) 955-5050
홈페이지 www.dolbegae.co.kr | 전자우편 book@dolbegae.co.kr

책임편집 이경아·이경민 | 편집 조성웅·김희진·고경원·신귀영·오경철
표지디자인 민진기 | 본문디자인 이은정·박정영 | 마케팅 심찬식·고운성
제작·관리 윤국중·이수민 | 인쇄·제본 한영문화사
글 ⓒ 아모레퍼시픽 | 사진 ⓒ 백종하

ISBN 978-89-7199-341-5 94810
ISBN 978-89-7199-340-8 (세트)

책값은 뒤표지에 있습니다.

이 도서의 국립중앙도서관 출판시도서목록(CIP)은 e-CIP 홈페이지
(http://www.nl.go.kr/cip.php)에서 이용하실 수 있습니다.(CIP제어번호: CIP2009001607)

조선 후기의 차 문화 —— 시詩

한국의 차 문화 천년 1

송재소·유홍준·정해렴 외 옮김

돌베개

'한국의 차 문화 천년'을 펴내며

　인간의 기호식품으로 차茶만큼 오랜 역사를 가진 것도 없을 것이다. 차의 원산지라 할 수 있는 중국에서는 수천 년 전부터 차를 마셔 왔으며, 이 중국 차가 세계 각국으로 전파되어 지금은 170여 개 국에서 하루에 20억 잔의 차를 마신다고 한다.
　『삼국사기』三國史記의 기록에 의하면 우리나라는 7세기 중반 신라 선덕여왕 때 이미 차를 마셨다. 흥덕왕 3년(828)에는 중국으로 사신 갔던 김대렴金大廉이 돌아오면서 차 종자를 가져왔는데 왕이 이를 지리산에 심게 해서 차가 널리 성행하게 되었다. 그러나 신라 시대에 차가 얼마나 대중화되었는지는 알 수 없다. 고려 시대에는 궁중과 귀족, 특히 승려 사이에 차가 크게 유행했으나 일반 서민의 기호식품으로까지 확대되지는 못한 것으로 보인다. 조선 시대에는 차 문화가 다소 위축되어 주로 궁중이나 민간의 의식용儀式用으로 차가 쓰였고, 사찰의 승려들이 그 맥을 잇다가 다산茶山, 초의草衣, 추사秋史 등 걸출한 차인茶人들이 차를 중흥시켰다. 그러나 역시 차는 서민이 즐겨 마시는 기호식품과는 거리가 있었다.
　현대에 와서야 차가 대중화되었다고 말할 수 있다. 지금은 차가 이른바 '웰빙 식품'으로 널리 사랑받고 있고, 신체의 건강뿐만 아니라 정신 건강의 증진에도 기여한다고 인식되고 있다. 차는 이제 어디에서나 쉽게 구할 수 있고 누구나 마실 수 있는 대중의 기호식품으로 확고하게 자리 잡았다.

『한국의 차 문화 천년』은 일찍부터 차 문화의 보급과 차의 대중화를 선도해온 (주)아모레퍼시픽의 출연 재단인 태평양학술문화재단의 야심적인 기획이다. 우리 역사상 어느 때보다 차가 대중의 사랑을 받고 있는 이 시점에서, 우리의 유구한 차 문화 전통을 종합 정리함으로써 이 땅의 차 문화를 한층 더 발전시키자는 의도에서 기획되었다.

전 6권으로 간행될 이 기획물은 신라 시대에서부터 현대에 이르기까지 차에 관한 문헌 기록 자료의 집대성에 목표를 두고 있다. 차시茶詩를 포함한 개인 문집의 자료, 『조선왕조실록』朝鮮王朝實錄, 『고려사』高麗史, 『삼국사기』 등의 관찬 사료官撰史料와 『임원경제지』林園經濟志, 『성호사설』星湖僿說, 『음청사』陰晴史 등의 별집류別集類를 비롯하여 이전에 발굴되지 않은 자료까지 차에 관한 모든 문헌 자료를 망라하고자 한다.

이 작업은 결코 쉬운 일이 아니다. 산적한 한문 전적을 일일이 뒤져서 차에 관한 자료를 발췌하는 일도 어렵거니와 이렇게 뽑은 자료를 번역하는 일 또한 만만치 않다. 최선을 다하지만 여전히 누락된 자료가 있을 것이고 미숙한 번역이 있을 줄 안다. 이 점은 앞으로 계속해서 수정, 보완해 나갈 것이다. 아무쪼록 차를 사랑하는 차인들과 차를 연구하는 학자들의 자료로 활용될 수 있다면 다행이겠다.

이번에 간행되는 조선 후기편 2책은 원래 유홍준, 정해렴 두 분이 해놓은 기초 작업에 첨삭을 가하고 번역문도 일부 수정하여 새롭게 편집한 것임을 밝혀둔다. 그리고 물심양면으로 아낌없는 지원을 해준 (주)아모레퍼시픽의 서경배 사장님을 비롯하여 태평양학술문화재단의 관계자 여러분, 그리고 꼼꼼하게 원고를 손질해준 돌베개 출판사의 편집진들께 이 자리를 빌려 고마운 마음을 전한다.

2009년 6월
송재소

'조선 후기의 차 문화'를 엮어 내며

이 책은 조선 후기의 차 문화와 관련된 문헌 자료들을 수집, 번역한 것이다. 이 번역에 참여한 사람들은 차를 좋아하기는 하지만, 한국의 차와 그 문화에 대해 오랫동안 견문을 쌓아온 전문가는 아니다. 다만 한문 고전 전공자로서 차와 관련하여 의미 있는 자료들을 가려서 번역하였다. 내용은 크게 시와 산문으로 나누어 각각 1권과 2권에 수록하였다.

'조선 후기의 차 문화' 1권에서는, 임수간에서 시작하여 다산 정약용, 자하 신위, 초의 선사, 추사 김정희, 해거재 홍현주, 신기선에 이르기까지 모두 44명의 차시茶詩를 수록하였다. 그중에는 차인으로 널리 이름이 알려진 이도 있으나, 거의 알려지지 않은 인물도 있다. 대개 차시로 분류되는 한시는 매우 많지만, 그 대부분은 차를 마시는 한가로운 정취와 분위기를 읊은 것이다. 이 책에서는 조선 후기 차 문화의 구체적 양상을 보여주는 것들을 중심으로, 그 동안 잘 알려지지 않았던 인물들의 차시를 많이 수록하고자 했다.

조선의 사대부는 흔히 우정의 표시로 차를 선물했으며, 차를 마시며 시를 읊었고, 술을 마신 뒤에도 차를 마셨다. 즉 술과 차, 그리고

시가 통합된 하나의 문화적 코드였던 셈이다. 채제공이 지은 「서 진사 댁을 방문하여」라는 시를 보면,

중당에서 손님 맞을 때 고요하고 침착하니
영주에서 제일가는 가문임을 쉬이 알겠네.
동서로 마주 앉아 인사하고 나자
어린아이가 우전차를 올리네.

라고 하여, 당시 사대부가에서는 손님을 맞이하여 인사를 나누고 차를 내오는 것이 일반적인 예의범절이었음을 알 수 있다. 또 효명세자가 지은 네 편의 연작시를 보면, 왕세자가 즐겼던 궁중의 차 문화를 볼 수 있으며, 조병현의 「차를 달이며」를 보면 궁중에서 차를 달이며 임금과 신하가 함께 시를 짓기도 했음을 알 수 있다. 이 밖에 홍양호의 「호로다주에 쓴 명문」을 보면 중국의 차 애호가였던 기윤紀昀이 그에게 차 주전자와 차 사발을 선물로 주었으며, 이상적의 시를 보면 김석준이 후지산에서 나는 차와 차 주전자를 선물로 보냈음을 알 수 있다. 이러한 내용들을 보면, 당시에 중국뿐 아니라 일본과도 차를 통한 교유가 이루어졌음을 알 수 있다.

한편 이들 차시에 등장하는 일반인에게 익숙하지 않은 차의 산지와 이름들을 보면, 정약용이 즐겼던 검단산 북쪽 백아곡의 작설차, 김려의 시에 등장하는 철비산 녹하차綠霞茶, 초의와 신순이 신위에게 보냈다는 보림사 백모차白茅茶와 죽로차竹露茶, 이만용의 시에 나오는 황매다고黃梅茶膏, 이유원의 시에 등장하는 오팽년차吳彭年茶와 밀양의 황차黃茶, 그리고 허훈과 이종기의 시에 나오는 금강령차金剛靈茶

등이 있다. 또 차를 끓이던 샘물로는 이덕무의 시에 나오는 사복시司 僕寺의 우물물, 정약용의 시에 나오는 미천尾泉, 서울의 옛 훈련원 안에 있던 통정桶井 등이 있었음을 알 수 있다.

2권에서는, 이익의 「다식」茶食에서부터 이덕리의 「기다」記茶, 서유구의 『임원경제지』林園經濟志에 이르기까지 모두 29명의 차에 관한 글과 『승정원일기』, 『조선왕조실록』에서 뽑아낸 차에 관한 기록을 담았다. 그중 일부는 내용을 참작하여 임의로 제목을 달기도 했다.

사적으로 주고받은 편지나 개인 일기, 사행 길의 기록, 역사서에 수록된 차 문화 등 매우 폭넓은 내용이 담겨 있다. 가령 신광수의 「성천 생원 원형에게」라는 편지를 보면,

작년에 삼남 지방은 차가 귀해서 열다섯 잎에 10전이나 갔으니, 차가 몽땅 떨어져 속 쓰림병에 괴롭던 터였습니다. 이런 즈음에 마침 이 차가 왔으니 마치 노동盧仝의 아홉 사발 차를 마신 것처럼 양쪽 겨드랑이에 시원한 바람이 곧 산들산들 일어날 지경입니다. 언제나 죽력차竹㷼茶를 한 잔 마실 때면 존형이 그리워지곤 하겠지요.

라고 하여, 당시 지방에서 거래되던 차의 가격과 수요, 그리고 차를 통한 교유 양상을 미루어 짐작해 볼 수 있다. 한편 이들 문헌에서 특징적인 것은 차에 관한 전문적인 지식을 담은 글들이 다수 출현한다는 점이다. 그것은 차의 재배와 보관, 끓이고 마시는 법, 다구의 종류와 용법에 이르기까지 다양한데, 특히 차의 효능과 한국 차에 대한 자부심, 그리고 차의 산업화에 대한 의지를 엿볼 수 있다.

차의 효능과 관련하여, 안정복은 「수다설」漱茶說에서 음식을 먹은

뒤 차로 입을 헹구는 법에 대해 말하였고, 이덕리는 「기다」記茶에서 차가 감기, 체증, 식중독, 복통, 설사, 이뇨 작용, 학질과 역병에 효과가 있으며, 잠을 적게 만든다고 하였다. 또 황윤석의 「부풍향다보」扶風鄕茶譜에서는 차가 지방을 제거하여 몸을 야위게 한다고 하였으며, 윤형규의 「다설」茶說에서는 식체를 내려주는 소화 기능이 있다고 하였다. 이 밖에도 『승정원일기』에서는 우전차가 몸을 가볍게 하고 정신을 맑게 하며, 술을 깨는 각성 작용이 있는 것으로 파악하고 있다.

한국 차에 대한 자부심과 관련하여, 초의 선사는 한국 차의 우수성에 대해, 김정희는 권돈인에게 보낸 편지에서 지리산 차의 우수성에 대해 말했고, 신헌구는 「다설」茶說에 초의 선사가 제조한 차가 스님들 사이에서만 이름이 나고 세상에 널리 알려지지 못한 것에 대해 안타까워했다.

또 차의 산업화와 관련하여, 이덕리의 「기다」, 정약용의 「차의 생산과 판매」, 「차의 전매 제도」 등을 보면 차를 단순한 문화적 기호품이 아니라, 국가적 산업 자원으로 생각했음을 알 수 있다. 『음청사』陰晴史에서 김윤식이 이홍장, 유함방과 나눈 대화를 보면, 차 재배를 국가적 산업으로 인식하고 이에 대한 정책 제안으로까지 나아갔음을 알 수 있다. 이 밖에도 이규경의 「도다변증설」荼茶辨證說에서는 차의 어원과 용례, 관련 문헌에 대한 학문적 고찰을 시도했음을 볼 수 있다.

이상으로 이 책에 수록된 내용들에 대해 간략히 소개하고, 차 문화와 관련하여 몇 가지 눈에 띄는 사실들을 언급해 보았다. 이 책에 수록된 문헌 자료들은 여러 연구자들의 차에 대한 오랜 애정의 결과물이라고 할 수 있다. 특히 이덕리의 글 「기다」의 경우는 그 내용을 학계에 처음 소개한 정민 교수의 양해를 얻어 싣게 되었다.

  이 책은 문헌 자료만을 수록한 것으로, 조선 후기 차 문화의 구체적인 실상을 보여주기에는 부족한 면이 있다. 하지만 천년을 이어 내려온 한국 차 문화의 전통이 여기에 실린 글들을 통해 일부나마 드러나기를 바란다.

2009년 6월

역자 일동

차 례

'한국의 차 문화 천년'을 펴내며 4
'조선 후기의 차 문화'를 엮어 내며 7
일러두기 18

임수간
任守幹, 1665~1721

육방옹의 시를 차운하여 윤직경에게 보이다 21 | 하코네 고개 23

조태억
趙泰億, 1675~1728

미백에게 운을 따라 답해주다 24

이하곤
李夏坤, 1677~1724

서재에서 26 | 이 사또에게 차운하여 답하다 27

조현명
趙顯命, 1690~1752

정내교와 술을 조금 마시다가 28

송명흠
宋明欽, 1705~1768

병천에서 생각나는 대로 읊다 30

이민보
李敏輔, 1720~1799

부사 권도이에게 보이다 31

채제공
蔡濟恭, 1720~1799

서 진사 댁을 방문하여 32 | 연명헌에서 일찍 일어나 33

정범조
丁範祖, 1723~1801

임강선 34

홍양호
洪良浩, 1724~1802

호로 다주에 쓴 명문 36

이덕무
李德懋, 1741~1793

관재에서 차 마시며 윤중약, 유혜보와 함께 읊다 39 | 관헌에서 차를 마시며 41

영수합 서씨
令壽閣 徐氏, 1753~1823

고요한 밤에 차를 끓이며 42

장혼
張混, 1759~1828

옥경산방 다회에서 유장경의 운을 따서 짓다 44

정약용
丁若鏞, 1762~1836

미천가 46 | 봄날 체천에서 48 | 상원군수로 부임하는 윤지눌을 보내다 49 | 혜장이여 차를 보내주오 51 | 혜장이 나를 위해 차를 만들었다 53 | 색성이 차를 보내온 것에 사의를 표하다 55 | 절간에 사는 여러 가지 흥겨움 56 | 송풍루 59 | 다산사경 61 | 범성대의 시를 차운하여 윤영희에게 보내다 63 | 다암시첩 65

조수삼
趙秀三, 1762~1849

같은 시사의 벗들을 맞아 산사에 유람하며 68

서유구
徐有榘, 1764~1845

거연정에서 차를 시음하다 70 | 육교가 보내준 시에 차운하고, 이어 빨리 오라고 재촉하다 71

김려
金鑢, 1766~1821

도사 금청휘가 철비녹하차를 보내왔기에 72 | 보이차 74

심상규
沈象奎, 1766~1845

밤에 앉아 차를 달이다 75 | 동각의 교생들이 모여 차를 마시며 77 | 차를 마시다 79 | 몸소 차를 달이며 몹시 흡족하여 즐기다 80

신위
申緯, 1769~1845

청수부용각에서 저녁밥을 들고 81 | 자오천 시를 섭지선에게 부친다 83 | 그림을 대신하다 85 | 한림학사 김정희

	시를 차운하여 바치다 88 ǀ 시를 수놓은 연꽃 보따리 92 ǀ 전립의 시를 논한 절구 94 ǀ 꿈을 풀이한다 96 ǀ 초의 선사가 차 네 덩어리를 보내다 99 ǀ 귀양살이의 한 기쁨 101 ǀ 5일 새벽에 일어나 보니 눈이 왔다 103 ǀ 황산 김유근의 봄을 읊은 시에 차운하다 104 ǀ 초의 선사가 차와 편지를 보내주다 106 ǀ 황간현감의 아우가 차와 술을 보내다 108 ǀ 초의 선사에게 편지 대신 답한다 110 ǀ 신순이 이강주와 죽로차를 보내다 112 ǀ 5월 21일 새벽에 일어나다 114 ǀ 가을날 하루 종일 115 ǀ 차를 달여 마시며 116 ǀ 감잎에 쓰다 117
이학규 李學逵, 1770~1835	겨울밤 차를 끓이다 118 ǀ 신씨의 정원에서 차 모임을 가지며 120 ǀ 차 덖는 곳 122 ǀ 차 덖는 곳 123
서기수 徐淇修, 1771~1834	차 노래 124 ǀ 다음 날 다시 모여 125
박윤묵 朴允默, 1771~1849	엄산 현재덕 옹이 때때로 나에게 차를 보내오기에 시를 지어 사례하다 127 ǀ 차를 마시며 친구를 그리워하다 130 ǀ 앓고 난 뒤에 차로 입을 적시며 짓다 132 ǀ 칠송정 차 모임을 부러워하며 133 ǀ 칠월 구일 크게 더워, 차를 마신 후 짓다 135
혜장 惠藏, 1772~1811	산속에 사는 즐거움 136 ǀ 장춘동에서 137 ǀ 동천에 계신 선생의 곤괘 육효 운에 화운하다 139 ǀ 중봉의「낙은사」에 화답한다 141 ǀ 탁옹이 시를 주며 좋은 차를 구하다 143
정학연 丁學淵, 1783~1859	차를 달이다 145 ǀ 찻물 끓이는 주전자 147 ǀ 정학연이 초의 선사에게 보낸 다시 148 ǀ 호옥에서 차를 달이다 150
초의 草衣, 1786~1866	동쪽 별장에서 이별하며 153 ǀ 산수화 8첩에 쓴다 155 ǀ 도촌 김인항이 보낸 시에 차운하여 보내다 156 ǀ 수종사에서 석옥 화상 시에 차운하다 157 ǀ 정학연에게 화답하

여 바치다 158 | 석천으로 차를 끓이다 160 | 열수에 배를 띄우다 161 | 여름날 서원에서 여러 분과 모여서 162 | 금호에서 산천도인과 작별하며 163 | 신헌의 시에 화답하여 보내다 164 | 운엄도인 시에 차운하다 165 | 현재에서 한계원과 함께 읊다 166 | 산천도인이 차를 받고 보내온 시에 화운하다 167 | 동다송 170   *기타 초의 관련 소기 185

김정희
金正喜, 1786~1856

이유여가 차를 찾기에 시로 답하다 186 | 황산 김유근의 시에 차운하다 188 | 우연히 짓다 189 | 옛 샘을 길어 차를 시험하다 191 | 강위의 유동정 시에 장난삼아 견주다 192 | 요선의 「동정」 시에 화답하다 193 | 차에 대한 일을 이미 쌍계사에 부탁하고 195 | 만허에게 장난삼아 바치다 197

김명희
金命喜, 1788~1857

초의에게 차를 받고 사례한 시 199

황상
黃裳, 1788~1863

차를 구걸하며 202

조병현
趙秉鉉, 1791~1849

차를 달이며 204

유한당 홍씨
幽閒堂 洪氏, 1791~?

삼가 차운하다 206

이만용
李晚用, 1792~1863

동랑 한치원이 황매다고를 보내오다 207 | 금강산 폭포물로 달인 병차 한 덩이를 숯불에 달이니 산향이 짙어라 209

숙선 옹주
淑善翁主, 1793~1836

우연히 읊다 211

홍현주
洪顯周, 1793~1865

북사 시축에 차운하다 212 | 참판 김양순의 회갑 축시 215 | 남산 산장의 관등절날 저녁 218 | 이경재의 금계 산장을 빌려 219 | 손자 홍승억의 시에 차운하다 221 | 방옹 육유의 시에 차운하다 222 | 두보의 「봄날 강마을에서」를 차운하다 226 | 두보의 시에는 적당한 운자가 없어 육유의 시에서 운자를 바꾸어 뽑았다 229 | 섣달 눈 녹인 물로 차를 끓이다 231 | 동림장에서 이천민에게 233 | 이복현에게 바치다 235 | 두보 시에 화답하다 237 | 세밑 238 | 초당으로 나아가 이명오·홍희인과 읊다 239 | 초당에서 이만용을 맞아 이상적과 같이 짓다 240 | 앞의 시 운자를 거듭 써서 이상적에게 차를 빌다 242 | 정학연·이만용이 밤에 들렀기에 읊다 244

홍한주
洪翰周, 1798~1864

빗소리 들으며 차를 달이다 245

신좌모
申佐模, 1799~1877

거림점에 묵으며 246

이상적
李尙迪, 1803~1865

찻물을 뜨다 251 | 차 끓이는 연기 254 | 백산다가 255 | 섣달 초파일 이튿날 새벽 눈이 막 개다 258 | 김소당이 후지산 차 및 차 주전자를 선물로 보내왔기에 260 | 접암 비부가 송차를 보내왔기에 262

효명 세자
孝明世子, 1809~1830

다관·찻종지·차 주전자·차 263

윤정기
尹廷琦, 1814~1879

차를 달이다 266

이유원
李裕元, 1814~1888

죽로차 268 | 정향수 아래에서 향기를 맡고 명차를 추억하다 274 | 오팽년차 277 | 가오 노인의 환향 278 | 차를 마시고 읊조리다 279 | 새로운 차를 시음하며 281 | 7월 18일에 진전의 다례에 참석하려다가 느낀 바가 있어 282 | 밀양의 황차를 보내준 정은 상공에게 사례하다 283 | 신 판추에게 차를 구하다 285

금원당 김씨
錦園堂 金氏, 1817~?

청간정에서 월출을 구경하며 287

강위
姜瑋, 1820~1884

고베에 금강씨가 있는데 선조가 조선 사람이다 288

허훈
許薰, 1836~1907

금강령차 290

이종기
李種杞, 1837~1902

금강령차 292

곽종석
郭鍾錫, 1846~1919

차를 달이는 부뚜막 293

신기선
申箕善, 1851~1909

소룡이 만응오시차를 나누어주기에 네 수의 절구를 사례하며 드리다 294

인명 사전 299
서명 사전 319
찾아보기 323

일러두기

1. 이 책은 조선 후기의 차 문화를 다룬 작품 중 시 작품만을 정리한 것이다.
2. 각 작품의 수록 순서는 각 작품 저자의 태어난 해를 기준으로 하였다.
3. 매 작품마다 출전을 표시하였고, 해설을 두어 작품 전체의 저술 배경과 내용 등을 요약, 정리하였다.
4. 이 책에 나오는 인명과 서명 중 자세한 설명이 필요한 경우 인명 사전과 서명 사전 항목을 부록으로 두어 참고하도록 하였다.
5. 원주는 해당 단어 옆에 번호를 표시하고 번역문과 원문 다음에 수록하였다.
6. 본문의 단어 중 설명이 필요한 경우 해당 단어 옆에 *표시를 하고 해당 단어가 수록된 면의 하단에 각주를 달아 설명하였다.
7. 연작시의 일부만 인용한 경우에는 전체 몇 수 중 몇 번째 수인지를 해설에서 밝혔다.

조선 후기의 차 문화 — 시 詩

임수간 任守幹, 1665~1721

육방옹의 시를 차운하여 윤직경에게 보이다
次放翁示尹直卿

봄 깊어 바라보매 들의 정자 적요한데
산수의 풍광은 그림보다 아름답네.
좋은 물을 가려 달이는 건 양선陽羨의 명차요
서안에 쌓인 탑첩榻牒들은 왕희지王羲之의 글씨라네.
처마 아래엔 꽃이 예쁘고
곡우 즈음엔 그물을 짜지.
문전옥답엔 모내기 한창 바쁜데
한 떼의 백로들이 김매기 거드누나.

春來憑眺野亭虛 湖色山光畵不如 品水自煎陽羨茗 疊牋開榻晉賢書
栽花故近茅簷下 結網宜須穀雨初 門外水田耕種急 一羣鷗鷺自春鋤

출전: 『둔와유고』遯窩遺稿 권1

해설　전체 5수 중 둘째 수이다. 육방옹은 송나라 때의 시인 육유陸游이다. 방옹放翁은 그의 호이다. 윤직경은 윤휘정尹彙貞이라는 인물로 직경直卿은 그의 자이다. 양선차陽羨茶는 중국 강소 지역에서 나는 명차인데, 맑은 물을 길어 차를 끓이며 한가로이 왕희지 글씨의 탑본과 서첩들을 감상한다. 마침 봄이 무르익은 시절이라 농사 일손이 한창 바쁜데, 백로들이 무논에 내려앉아 물고기를 잡아먹는 모습이 잘 그려져 있다.

임수간 任守幹, 1665~1721

하코네 고개 箱根嶺

새벽 도와 가마 타고 바위산 넘노라니
비탈은 아스라하고 숲은 울창하네.
사신 행차는 푸른 안개를 뚫고
피리 소리는 흰 구름에 닿노라.
아침 연기는 소슬하니 주막에서 피고
산사는 아련하게 대숲 새로 얼비치네.
고개 위 찻집에서 말을 멈추노니
차향이 좋을시고, 마음이 씻겨지네.

笋輿侵曉陟嶔岑 隴坂逶迤隴樹深 旌節迥穿靑靄去 笳簫半入白雲吟

人烟蕭瑟連茅店 梵宇依俙暎竹林 嶺上停驂茶屋下 茗香正好滌煩襟

출전: 『둔와유고』 권2

해설 조선에서는 숙종 37년(1711)에 일본의 관백關白 도쿠가와 이에노부德川家宜의 취임을 축하하기 위하여 통신사를 파견하였다. 이 사행의 정사는 조태억趙泰億, 부사는 임수간, 종사관은 이방언李邦彦이었다. 사행 일정에 맞추어 새벽길을 떠났다가 고갯마루 위의 찻집에서 잠시 쉬며 차를 마시는 정경이 잘 표현된 시이다.

조태억 趙泰億, 1675~1728

미백에게 운을 따라 답해주다 美伯嗔余……

달빛 아래 차 달이매 술자리보다 좋아
봄 재촉하는 매화를 웃으며 보노라.
산음으로 돌아온 뒤 일이 도로 많아졌으니
눈 속에 한가로이 누웠던 원안袁安*을 닮고파라.

月中烹茶勝飲醇 笑看梅意正催春
山陰回棹還多事 願學東都臥雪人

출전: 『겸재집』謙齋集 권2

• **눈 속에 한가로이 누웠던 원안袁安** 동도東都에 큰 눈이 내려 현령이 민가를 순방하게 되었는데, 원안의 집에만 눈이 쌓여 있고 문 밖에 사람이 다닌 흔적조차 없었다. 그래서 추위와 굶주림에 이미 사람이 죽은 줄 알고 눈을 치우고 문을 열어 보게 하니, 원안이 번듯이 드러누워 있었다. 원안은 중국 후한 때 사람이며, 동도는 지금의 낙양이다.

원제   미백이 나더러 자주 찾아오지 않는다고 나무라기에 운을 따라 답해주다. 美伯嗔余懶於過從 疊韻答之

해설   미백이 누군지는 미상이다. 달빛 아래 차를 마시며 매화를 감상하는 운치를 읊은 시이다. 일 많은 일상에서 원안의 고사를 들어 게으름에 가까운 그 한적함을 부러워하고 있다.

이하곤 李夏坤, 1677~1724

서재에서 齋居

선반 위에 구리솥과 작은 상 하나
산중 서재 쓸쓸하기 선방 같구려.
한가할 땐 홀로 차 달이는 법 적고
종일토록 나무 심는 법 읽곤 하지.
비 내리면 산승 불러 국화 모종 심게 하고
날 개면 아이놈 시켜 모내기 시키네.
아, 일 없는 가운데 도리어 일 많으니
몸과 마음 모두 잊는 것만 못하구나.

一架銅爐數尺床 山齋蕭寂似禪房 閑時自錄烹茶法 長日惟看種樹方
雨倩隣僧移稚菊 晴敎僮僕揷新秧 終知無事還多事 莫若身心得兩忘

출전: 『두타초』頭陀草 책4

해설　차 달이는 법을 기록하거나 나무 심는 법을 연구하고, 때맞추어 농사일을 감독하는 일상을 노래한 시로, 조선 후기 선비의 산림 생활 모습을 보여준다.

이하곤 李夏坤, 1677～1724

이 사또에게 차운하여 답하다 李使君又疊筵字……

금잔디 고우니 비단 자리 필요 없고
한 잔 술에 흥그러우니 신선도 안 부러워.
시냇가 어디선가 꾀꼬리는 울어대고
새로 비 갠 하늘엔 백로가 가는구나.
솔 그늘 아래 취하여 모자는 삐딱하고
갯버들 앞의 그물에선 물고기 잡히네.
차 달여 손을 대접함도 맑은 운치이니
바라보매 저편 숲에 가는 연기 이누나.

藉草不須鋪錦筵 把杯何用羨登仙 黃鸝啼在幾溪樹 白鷺翻飛新雨天
烏帢醉欹松影下 銀刀網出柳陰前 烹茶供客亦淸致 坐看隔林生細烟

출전: 『두타초』 책4

원제 이 날에 실제로 차를 끓이고 손님을 맞이하였다. 이 사또가 또 연筵 자 운을 따서 보내왔기에 차운하여 답하다. 烹茶供客 是伊日實事 李使君又疊筵字寄示 次韻奉呈 二首

해설 전체 2수 중 첫째 수이다. 봄날 술에 취해 주흥이 한껏 도도하다. 주흥도 시들하고 몸이 피곤해질 무렵 저편 숲에서 차를 달이는 푸른 연기가 가늘게 피어오르자 정신이 번쩍 깨는 듯한 느낌이 시로 잘 표현되어 있다.

조현명 趙顯命, 1690~1752

정내교와 술을 조금 마시다가 同鄭來僑小飮……

높이 솟은 두 어깨*에 새하얀 구레나룻
정자 앞에서 말 내리니 산새들 흩어지네.
들판엔 햇보리 푸른 듯 누르고
뜨락엔 봄 자취라 꽃잎이 어지럽네.
손님 대접에 술이 어이 없으랴
그대 만나 비로소 밀운룡차 마시네.
벼슬아치 찾아올까 걱정일랑 마소
찾는 이 하나 없는 퇴물 재상집일세.

雙聳肩山兩鬢華 當軒下馬散林鴉 郊園節物靑黃麥 庭院春痕點綴花

待客豈無浮蟻酌 逢君始啜密龍茶 不愁襪襪人來逼 羅雀門深退相家

출전: 『귀록집』歸鹿集 권3

- **높이 솟은 두 어깨** 높이 솟은 두 어깨(肩山)란 중국의 맹호연孟浩然 이래 시인의 어깨를 지칭하는 말로 쓰이는데, 수염 좋고 문장 좋은 정내교를 두고 이렇게 표현한 것이다.

원제   정내교와 술을 조금 마시다가 『온공집』에 실린 시의 운을 따서 짓다. 同鄭來僑小飮 拈溫公集韻

해설   전체 2수 중 둘째 수이다. 시인은 정내교가 찾아옴에 귀한 밀운룡차도 새로 내고 술도 내어 왔을 터이다. 그러고는 찾아올 번거로운 손님이 없으니 맘껏 놀다가 가라고 권하는데, 구절마다 봄의 낭만과 늙은 재상의 인정이 물씬 묻어난다.

송명흠 宋明欽, 1705~1768

병천에서 생각나는 대로 읊다 甁泉漫吟

새벽 창에 온갖 새 지저귀고
서쪽 봉우리엔 조각달 걸렸네.
동자는 시린 샘물 길어다가
돌솥에 향기로운 차 달이네.
맛은 입에 알맞게 쓰고
기운은 고요히 조화롭네.
기쁘게도 마음에 딱 드는 것은
세상과 멀리 떨어져 있다는 게지.

百鳥啼窓曉 西峯片月斜 山童汲寒水 石竈煮香茶
味向苦中得 氣從靜處和 怡然心會境 逈與世塵遐

출전: 『역천집』櫟泉集 권1

해설 병천은 지금의 경상북도 문경으로, 송명흠의 부친이 독서하던 곳이다. 이 시는 그곳에서 조각달 걸린 새벽에 샘물을 길어다 향기로운 차를 마시며 속세와 떨어진 한적함을 노래한 것이다.

이민보 李敏輔, 1720~1799

부사 권도이에게 보이다 示府伯權道以

죽로竹爐에 차 달이는데
창 앞엔 석류꽃이 피었네.
손에 잡히는 대로 책을 읽노라니
눈에 가득 구름 산이 누워 있네.
궁벽한 지방에서 옛 벗을 만남에
여관이 마치 내 집과 같구나.
아침저녁으로 고기반찬 내오니
귀양살이 호강이 도리어 부끄럽네.

烹茶竹爐火 當戶石榴花 書卷隨身定 雲山滿眼斜
窮途逢舊友 逆旅視吾家 朝夕庖人肉 還慚謫況奢

출전: 『풍서집』豊墅集 권1

해설 전체 2수 중 둘째 수로, 귀양살이 중에 차를 달이며 석류꽃과 눈덮인 산을 바라보는 여유로움을 읊은 시이다. 아마도 그곳에서 옛 벗 권도이의 호의를 입었던 듯, 귀양살이의 안락함이 도리어 부끄럽다고 하였다.

채제공 蔡濟恭, 1720~1799

서 진사 댁을 방문하여 訪徐進士家

중당에서 손님 맞을 때 고요하고 침착하니
영주에서 제일가는 가문임을 쉬이 알겠네.
동서로 마주 앉아 인사하고 나자
어린아이가 우전차를 올리네.

中堂迎客靜無譁 易識寧州第一家
椅子東西纔設禮 小童擎進雨前茶

출전: 『번암집』樊巖集 권13 함인록含忍錄 상

해설 전체 4수 중 첫째 수이다. 채제공이 서 진사 댁을 방문하여 차 대접을 받고 쓴 시이다. 영주는 지금의 충청남도 천안이다. 격조 있게 손님을 맞아 우전차를 내오던 당시 사대부가의 빈객 접대를 볼 수 있다.

채제공 蔡濟恭, 1720~1799

연명헌에서 일찍 일어나 戀明軒早起

부지런한 산새들
새벽같이 일어났네.
산 이슬 얼마나 내렸는지
꽃가지 축 처져 가련하구나.
달이는 차는 한두 가지가 아니고
빗질은 족히 천 번은 되겠지.
여기에 참다운 즐거움 있으니
세속에 전해질까 걱정이라네.

啼禽便多事 先我罷晨眠 山露潤幾許 花枝低可憐
烹茶種非一 梳髮度應千 於此有眞樂 恐爲人世傳

출전: 『번암집』 권15

해설 봄날 새벽, 눈을 뜨기 전에 지저귀는 산새들 울음소리가 귀에 들리는 듯한 시이다. 꽃들은 짙은 이슬에 흠뻑 젖었는데, 차를 입맛대로 몇 종 고르고 양생養生의 하나인 빗질을 하며 아침을 맞는 모습을 묘사한 시이다.

정범조 丁範祖, 1723~1801

임강선 臨江仙

꿈에 반갑게 옛 친구 만났는데
꿈 깨자 여전히 산과 물이 막혔네.
그래도 헝클어진 실타래처럼 뒤숭숭해하지 말고
두서없는 짧은 시로
차 마시는 일이나 도울지니.

夢見故人顔色好 覺來水繞山遮
莫敎愁緒亂如麻 小詞無次序 佐以瓦甌茶

출전: 『해좌집』海左集 권15

• **임강선**臨江仙 사곡詞曲의 곡조 이름.

해설　꿈속에서 옛 친구를 만나고 나서 뒤숭숭한 마음을 차 마시고 시 짓는 것으로 달래는 정황을 묘사한 시詞이다. 참고로 정범조가 이선녀李善汝에게 써준 「자은당기」籽隱堂記를 보면, 다음과 같은 구절이 있다. "집의 서남쪽 모퉁이에 조그만 텃밭을 일구어 명품 차와 채소 몇 종을 심어두고, 부모님을 모시는 여가에 호미 들고 김매면서 몸소 텃밭 일꾼 역할을 하며 노고를 잊었다."(眷於宅傍西南隅 闢小圃 雜植茶蔬名品若干種 定省之暇 手鋤去草 躬執園丁役 而忘其勞) 이 내용을 보면 당시 사대부들이 집의 정원에 차나무를 심어 가꾸기도 했음을 알 수 있다.

홍양호 洪良浩, 1724~1802

호로 다주에 쓴 명문 葫蘆茶注銘

호로葫蘆 다주茶注 하나, 호로 사발 하나가 있는데, 이것은 강희 연간에 인모印摹한 것이다. 다주와 사발이 모두 호로(호리병박) 모양으로 만들어졌다. 다주는 색이 누렇고 네모졌다. 사방 모퉁이에 '하늘로부터 거듭 복을 받는다'自天申福는 4자가 찍혀 있다. 뚜껑으로 덮어놓았는데, 뚜껑에는 작은 매듭이 달려 있다. 사발은 색이 누렇고 둥글며 구름무늬가 그려져 있다. 다주와 사발 모두 자작나무 상에 앉혀놓았고, 상은 받침대에 앉혀놓았다. 받침대 역시 자작나무로 조각했는데, 제작 기법이 기묘했다.

葫蘆茶注一 葫蘆盌一 康熙時印摹者也 茶注與盌 俱以葫蘆造成 而茶注色黃而方 四隅印自天申福四字 覆之以蓋 蓋懸小蔓 盌色黃而圓 畵以雲文 俱安於樺床 床安於臺 臺亦以樺雕鏤 製作奇妙

호로의 배엔 술을 담고
호로의 입엔 차를 붓네.
네 천성 본디 둥글고
네 목은 본디 긴데,
길어야 할 놈이 어이하여 짧고
둥글어야 할 놈이 어이하여 모가 났나.
하늘이 어찌 그렇게 만들었으랴
사람이 솜씨를 부려놓은 게지.
새기지 않아도 문장이 찍혀 있고,
제자리에 머물러 군자의 법도가 있구나.
저 맑은 이슬을 마심에
나의 창자가 맑아지네.

葫蘆之腹兮 以受酒漿 葫蘆之口兮 以注茶湯

爾質本圓兮 爾頸本長 長胡然而短兮 圓胡然而方

豈伊天造兮 人工之良 不假雕鏤兮 有文成章

止而不遷兮 君子有常 吸彼沆瀣兮 淸我肺腸

출전: 『이계집』耳溪集 권17

해설 홍양호는 금석과 서화에 일가를 이룬 학자이다. 그뿐 아니라 고동과 기완器玩에 역시 조예가 깊고, 진귀한 기물을 많이 소장하였다. 여기에 소개된 것은 청나라 강희 연간에 만들어진 호리병 모양의 다주와 사발이다. 이것은 청대의 대학자요 차 애호가였던 효람曉嵐 기윤紀昀이 홍양호에게 선물로 준 것으로, 이유원李裕元의

조선 후기의 차 문화—시

37

『임하필기』林下筆記에 그 전말이 소개되기도 했다. 다주는 차를 달일 때 물을 붓는 다기茶器의 일종인데, 일반적으로 호리병 모양으로 둥글둥글하게 생겼다. 그런데 홍양호가 선물로 받은 이 다주는 네모진 것으로 안정감이 있는 다주였다. 이것을 두고 군자의 몸가짐에 견주어 명을 지어준 것이다. 다기의 애호 정도와 중국과의 교류 양상을 보여주는 자료이다.

이덕무 李德懋, 1741~1793

관재에서 차 마시며 윤증약, 유혜보와 함께 읊다
觀齋茗飮 與尹曾若柳惠甫 共賦

가을 윤달이 하마 그믐이라니
세월은 흘러흘러 아니 멈추네.
석류 열매는 옹이 진 나무에 곱고
개구리 떼는 뒤뜰에 시끄럽구나.
복을 아껴서는 아이에게 주고
정신 수양엔 보고 듣는 것 줄여야지.
사복시의 우물물로 차를 달이니
가치로는 남령南零*에 버금가노라.

秋閏纔云晦　年光駛不停

榴房姸病樹　黽部沸幽庭

惜福貽童穉　頤神嗇視聽

• **남령南零**　차를 끓이기에 가장 좋은 물을 말한다. 『전다수기』煎茶水記에 "차 끓이기 좋은 물에 7등급이 있는데, 양자강揚子江의 남령수가 제일 좋다" 하였다.

瀹茶司僕井 銖兩抵南零

출전 : 『청장관전서』靑莊館全書 권9, 『아정유고』雅亭遺稿 권1

해설   가을 그믐밤에 벗들과 모여 차를 마시며 주위의 경물을 감상하는 시이다. 사복시의 우물물이 하도 맑아 그 물로 차를 달이니 중국 제일의 물인 남령에 버금갈 정도로 좋다고 하였다.

이덕무 李德懋, 1741~1793

관헌에서 차를 마시며 觀軒茗飮

청옥 서안書案에 그대와 마주 앉아
차 마시노라니 담화도 길어지네.
여뀌 밭엔 벌레 소리 요란하고
매미 울음은 그늘에서 시원하네.
가을 서재엔 한가한 날이 무료하고
비 갠 주렴엔 새 볕이 따스하네.
문득 선경仙境에 노니는 듯
몸은 어느덧 물아를 잊노라.

倚君靑玉案　茗飮話俱長　蓼剩繁蟲鬧　蟬專一樹涼

秋齋聊暇日　晴箔暖新陽　忽若遊方外　形骸澹自忘

출전 : 『청장관전서』 권9, 『아정유고』 권1

해설　비 갠 뒤의 가을 서재에 찾아온 나른한 한가로움, 가을 벌레들의 요란한 울음 뒤에 찾아오는 더없는 적막과 무료함, 이 지점에서 작가는 벗과 마주하여 차를 마시며 물아物我를 모두 잊는 경지에 든다.

조선 후기의 차 문화—시

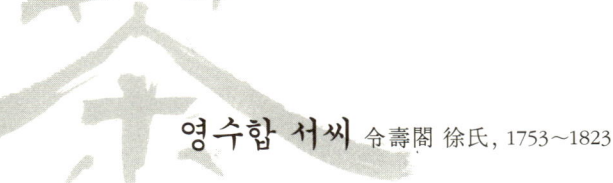

영수합 서씨 令壽閣 徐氏, 1753~1823

고요한 밤에 차를 끓이며 靜夜烹茶

몇 년이나 작은 차 화로에 불을 지폈으니
작으나마 신묘한 공덕이 응당 있노라.
차 마신 뒤 거문고를 다시 어루는데
밝은 달 보고서 누구를 부를까나.
봄날 찻상 푸른 찻잔에 옥 이슬 따르고
낡은 벽에 그을음 얼룩져 그림이 되었네.
잔을 채울 게 꼭 술뿐이겠느냐.
답청 가는 내일은 또 차호를 가져가리.

幾年丈火小茶爐 一點神功定有無 啜罷淸琴還自撫 看來好月竟誰呼
春盤椀碧添瓊露 古壁煙籠作粉圖 滿酌何須待旨酒 踏靑明日再携壺

출전: 『영수합고』 令壽閣稿

해설　차를 몹시 즐기는 작가의 모습이 잘 드러나 있다. 차 화로에 불을 지펴 불을 조절한 것이 몇 년이나 되었고 보면 차를 끓이는 수준이 경지에 올랐을 터이다. 낡은 벽에 얼룩진 그을음이 그림이 되었다는 말에서도 차 연기를 얼마나 많이 피웠는지 알 수 있다. 더구나 작자는 답청 가는 길에도 차호를 가져가겠다고 말하고 있다.

장혼 張混, 1759~1828

옥경산방 다회에서 유장경劉長卿의 운을 따서 짓다 玉磬山房茶會 用劉隨州韻

이웃 사람들 너무 친해
일 없어도 날마다 모이네.
작은 초가는 자리가 아늑하여
좌우로 시내와 산을 마주했네.
봄 날씨는 점점 화창해지고
만물은 절로 생기가 넘치노라.
이를 바라보매 마음 상쾌하여
농담하고 웃으며 등을 쓰다듬네.
새들은 짝을 지어 모이고
숲에선 차 연기 이네.
몸은 성문 안에 있다지만
마음은 속세 밖에 노닌다오.
즐거워라, 무엇이 걱정인가
청빈이 바로 내 분수인걸.
한두 잔 차를 마시고 나니

가슴속 번민 사라지누나.

鄰曲旣相近 無事日來會 小廬居且幽 左右溪山對
春天氣漸和 群物自生態 顧此愜心賞 良謔笑撫背
禽鳥聚儔侶 林木起香靄 雖在城闠裏 意出紅塵外
樂哉何所憂 貧賤固分內 飮茶一兩椀 胸中破悶礙

출전: 『이이엄집』而已广集 권1

해설 옥경산방에서 마음 맞는 벗들과 차를 한잔 마시며 속세의 물욕에 찌든 마음을 씻는 모습을 그린 시이다. 봄이 무르익어 만물이 생기를 싱그럽게 발하고 있는 즈음, 작자는 벗들과 청빈을 분수로 여기면서 차로써 세속의 번뇌를 씻으며 안빈낙도의 생활을 즐기고 있다.

정약용 丁若鏞, 1762~1836

미천가 尾泉歌[1]

홍수 만나 산에까지 물이 차도 불어나지 않고
큰 가뭄에다 쇠가 녹도록 더워도 마르지 않지.
천 사람 와서 길어가도 모자라지 않고
오물이 온통 둘러싸도 더러워지지 않네.
옥같은 샘이 솟아 천고에 흐르니
맑은 약수 떠 마시매 목구멍이 상쾌하다.
용단차에 시험하여 묵은 병을 치료하니
투명하기는 수정이요, 달기는 꿀맛일세.
육우가 만일 온다면 어디에서 샘 찾을까?
원교의 동쪽이요, 학령의 남쪽일세.

巨浸稽山而不活　大旱流金而不竭
千人來汲而不歝　濊惡繞匝而不染
玉瀯溢兮終古流　瓊漿挹兮爽咽喉
爲試龍團治癖疾　瑩如水精甘如蜜
陸羽若來何處尋　員嶠之東鶴嶺南

1 이때 중부 정재운丁載運께서 미천으로 이사했는데, 나도 또한 미천을 오가며 과시科詩를 익혔다(時仲父 徙居尾泉 余亦往來 習科詩).

『다산시문집』茶山詩文集 권1

해설 이 시는 다산 정약용이 나이 20세 무렵(1781) 과시 공부를 하고 있을 때 지은 것이다. 정약용의 중부는 진사시에 장원으로 합격하여 옥천군수를 지냈다. 미천은 돈의문 밖에 있는 미정尾井이라는 이름난 샘물을 가리키는 것으로 보인다. 홍현주, 「섣달 눈 녹인 물로 차를 끓이다」의 역주 참조(이 책 232쪽).

정약용 丁若鏞, 1762~1836

봄날 체천에서 春日棣泉雜詩

어린 잎 막 돋은 백아곡白鴉谷[1]의 신다新茶
그 마을 사람에게 한 포를 가까스로 얻었다.
체천의 물이 하도 맑기에
한가로이 은병에 조금 끓여본다.

鴉谷新茶始展旗 一包纔得里人貽
棣泉水品淸何似 閒就銀甁小試之

[1] 백아곡은 검단산 북쪽에 있는데 작설차가 난다(白鴉谷在黔丹山北, 産雀舌茶).

출전: 『다산시문집』권1

해설 전체 7수 중 첫째 수이다. 정약용은 21세 되던 해(1782)에 지금의 서울 북창동 근처에 살며 근처의 형제천이라는 우물을 사서 체천棣泉이라 이름을 붙이고, 체천정사를 지었다. 이곳에서 백아곡의 작설차를 구해 체천 우물물로 차를 달여 즐겼다.

정약용 丁若鏞, 1762~1836

상원군수로 부임하는 윤지눌을 보내다
送尹无咎赴祥原

수령 직인 검은 인끈 차고 대동강 건너가니
춘추관의 맑은 직함은 고달프고 편치 않다.
예로부터 수령을 거쳐 재상이 되니
하필 한림만을 선관이라 하리오.
영릉의 종유석이 동굴에 다시 생기고[1]
구루산句漏山의 단약가루 광산에서 날린다네.[2]
당신께서 백성을 다스리며 주정할까 두려워
이별하는 술자리에서 소룡단차를 따른다오.

銅章墨綬度浿灘 史局氷銜苦不安 太守舊由爲宰相 翰林何必是仙官
巖窪定復零陵乳 山礦初飛句漏丹 恐汝臨民猶使酒 離筵爲酌小龍團

[1] 상원군에 가수굴이 있다(祥原有佳酥窟).
[2] 상원군에 은광이 있다(祥原有銀鑛).

출전: 『다산시문집』 권1

해설   정약용은 이때(1790) 이미 1789년 문과에 급제하여 예문관 검열과 사간원 정언으로 벼슬살이를 하고 있었다. 윤지눌尹持訥은 정약용과는 죽란시사竹欄詩社의 동인이기도 한 친구로 일생 동안 변함없는 우정을 나누었다. 종유석이 다시 생산되고 광물이 많이 생산되도록 윤지눌이 선정을 베풀기를 축원하는 시이다.

정약용 丁若鏞, 1762~1836

혜장이여 차를 보내주오 寄贈惠藏上人乞茗

듣기에 석름봉石廩峰* 아래
예부터 좋은 차가 난다지.
때는 마침 보리 말릴 시절이라
찻잎이 깃발처럼 펴지고 창槍처럼 돋았겠군.
곤궁하게 살면서 장재長齋*가 습관이 되어
누린내 나는 것 이미 싫어졌다오.
돼지고기와 닭죽은
호사스러워 함께 먹기 어렵고,
다만 근육이 당기는 병 때문에
때로 술에 취해 깨지 못한다오.
기공己公*의 찻잎을 빌려
육우의 솥에다 달였으면 하오.
보시해주면 참으로 병이 나을 터이니
물에 빠진 사람 건져줌과 다를 바 없지.
불에 덖어 말리기를 법대로 해주오.

- **석름봉石廩峰** 전남 강진군 만덕산에 있는 산봉우리 이름.
- **장재長齋** 불가에서 한낮이 넘도록 굶는 것을 재齋라고 하고, 그것을 반복하는 것을 장재라고 한다.
- **기공己公** 당나라 승려 제기齊己를 말한다. 그는 승려이면서 시 읊기를 좋아하여 강릉 용흥사에 있으면서 정곡鄭谷과 많은 시를 지었으며 차에도 일가견이 있었다.

사진_ 백련사

그래야만 빛깔이 곱게 우러날 테니.

傳聞石廩底 由來産佳茗 時當晒麥天 旗展亦槍挺
窮居習長齋 麤膩志已冷 花猪與粥雞 豪侈邈難幷
秪因痃癖苦 時中酒未醒 庶藉已公林 少充陸羽鼎
檀施苟去疾 奚殊津筏拯 焙晒須如法 浸漬色方瀅

출전: 『다산시문집』 권5

해설 정약용이 44세 때(1805) 지은 것으로, 이때 정약용은 강진으로 귀양지를 옮겨 살아온 지 5년이나 되었다. 혜장은 중으로 이때 만덕사萬德寺(백련사白蓮寺)에 있었다. 『주역』周易에 달통했는데 1805년 정약용과 처음 만나 『주역』을 토론했다. 이 시 외에도 정약용이 혜장에게 써보낸 시가 여러 편이 있다. 아마도 이때부터 혜장의 경제적인 후원이 있었던 듯싶다. 정약용이 지은 「아암장공탑명」兒菴藏公塔銘이 해남 대둔사大芚寺에 남아 있다.

정약용 丁若鏞, 1762~1836

혜장이 나를 위해 차를 만들었다 藏旣爲余製茶……

옛날 문동文同*은 대나무를 탐하더니
이 늙은이는 지금 차를 탐한다오.
더구나 그대 사는 곳 다산이니
산 여기저기 자순차紫荀茶 돋았으리.
제자 마음은 자못 후하건만
선생의 예는 너무 냉랭하구려.
100근이라도 사양하지 않을 텐데
두 꾸러미 다 베풀면 어때서.
술도 아닌 다음에야 한 병만으로
어찌 길이 취할 수 있겠는가?
유자휘劉子翬*의 찻잔 이미 비어 있는데
미명彌明*의 돌솥을 그냥 놀리란 말인가.
나의 이웃들 곽란과 이질이 많은데
빌리러 오면 장차 무얼로 구제하리오.
믿노라, 푸른 시냇가 달이

• **문동文同** 중국 북송 시대의 사람으로, 특히 대나무 그림을 잘 그린 것으로 유명하다.
• **유자휘劉子翬** 송나라 성리학자로 그의 자가 언충彦沖이다. 차를 몹시 좋아한 인물이다.
• **미명彌明** 당나라 때 형산衡山에 살던 헌원미명軒轅彌明이다. 그는 한유의 제자들과 돌솥을 두고 연작시를 지어 그들을 무릎 꿇게 하였다.

구름 헤치고 맑은 얼굴 내밀 것을.

與可昔饞竹 籜翁今饕茗 況爾棲茶山 漫山紫箰挺
弟子意雖厚 先生禮頗冷 百勔且不辭 兩苞施宜竝
如酒只一壺 豈得長不醒 已空彦冲瓷 辜負彌明鼎
四鄰多霍瘉 有乞將何拯 唯應碧潤月 竟吐雲中瀅

출전: 『다산시문집』 권5

원제 혜장이 이미 나를 위해 차를 만들어놓았다가, 마침 그 문도 색성賾性이 나에게 이미 준 것이 있다는 이유로 보내주지 않았으므로, 조금 원망하는 말을 하여 마저 주기를 요구했다. 藏旣爲余製茶 適其徒賾性有贈 遂止不予 聊致怨詞以徼卒惠

해설 정약용이 강진에서 귀양살이하던 1805년에 지은 것이다. 44세 때이다. 색성은 아암 혜장의 문도로, 차에 조예가 깊었고 심심찮게 정약용에게 차를 보냈던 것으로 보인다.

정약용 丁若鏞, 1762~1836

색성이 차를 보내온 것에 사의를 표하다
謝賾性寄茶

혜장의 많은 제자들 가운데
색성이 가장 뛰어나다 일컬으니,
화엄의 교리를 터득한 데다
두보의 시까지 배웠지.
좋은 차도 꽤나 잘 덖어서
살뜰하게 유배객을 위로해주네.

藏公衆弟子 賾也最稱奇

已了華嚴敎 兼治杜甫詩

草魁頗善焙 珍重慰孤羈

출전: 『다산시문집』 권5

해설 정약용이 44세 때(1805) 지은 시로, 이때 강진에서 5년째 귀양 살고 있었다. 정약용은 앞의 시에서 혜장에게 차를 보내달라고 요청하였는데, 색성이 차를 보내자 이에 대한 감사의 뜻을 전한 것으로 보인다.

정약용 丁若鏞, 1762~1836

절간에 사는 여러 가지 흥겨움 山居雜興

내가 혜장에게 절간에 사는 여러 가지 흥취를 시로 읊어보라고 했다. 얼마 뒤 나도 모르게 생각이 자꾸 그쪽으로 쏠리면서 내가 만일 그 처지라면 어떻겠는가 하는 생각도 들었다. 그리하여 그를 대신해서 붓을 잡고 이와 같은 선어禪語를 써보았던 것인데, 모두 20수에 이른다. 내가 이리 곤궁하게 지내면서부터는 늘 조용한 수도처에서 숨어 살고픈 마음이 문득문득 났다. 그것은 그들이 가는 길이 좋아서가 아니라 날은 저물고 갈 길은 먼 신세로서, 이렇게 시끄러운 속에서 닭 울고 개 짖는 소리를 듣기가 싫어 자연 그쪽을 선모하게 되었기 때문이다. 계절이 중하仲夏였기 때문에 시에 읊은 것이 모두 여름 풍경일 수밖에 없었다.

余令惠藏 賦山居雜興 旣而意想馳騖設 以身處 遂代爲禪語 援筆書之 凡二十篇 蓋自窮居以來 常忽忽思蘭若隱居 非謂道好 顧日暮途窮 厭處喧卑中 聞鷄鳴犬吠聲 故羨慕在彼也 時當仲夏 故所記皆夏景云

8

치자꽃 가지마다 새하얗게 흐드러지고
뜰 안 가득 승설차勝雪茶 향 은은하다.

산속에서 객을 보내고 나니 번거로운 일 없어
오늘 아침엔 못 다 지은 시를 마저 다듬노라.

梔子花開白滿枝 一庭香雪勝茶絲
山扉送客無餘冗 聊足今朝未了詩

9

담장 밖 새로 일군 밭 한쪽에
상치 싹은 푸릇푸릇, 겨자 이랑은 누르스름.
대의 뿌리 쪼갠 홈대로 물댈 사람 누구더냐.
아침나절 저녁나절 한참 동안 바쁘다오.

牆外新畦一棱方 萵芽初綠芥臺黃
竹根破筧憑誰灌 每到朝昏半餉忙

11

계속 부는 마파람이 한없이 시원한데
칠승포 얇은 적삼으로 글방에 기대네.
이전부터 표주박 하나로
찻잔과 술잔으로 겸하여 써왔다오.

陣陣南風陣陣涼 七升衫薄倚書房
從來一箇癭瓢子 兼作茶甌與酒觴

출전: 『다산시문집』 권5

해설 　전체 20수의 연작시이다. 정약용이 44세 때(1805) 지은 시로, 이때 정약용은 강진에서 귀양살이 5년째를 보내고 있었다. 정약용은 이때쯤부터 귀양살이의 고달픔을 자연 속에 파묻혀 공부하며 잊고 지낸다.

정약용 丁若鏞, 1762~1836

송풍루 松風樓雜詩

산속에 사니 청빈하지 않은 일이 없어
외물의 얽맴 사라지고 이 몸 하나뿐이라네.
타향은 내 땅이 아니라는 말 믿기지 않고
평지를 거닐면서 신선처럼 산다네.
약절구는 자주 찧어 이끼 끼지 않는데
차 달이는 일 드물어 화로에 먼지 앉았지.
법희法喜*를 아내 삼으면 참으로 즐거울 수 있다 하니
부처님 말씀 다 허망하나 이 말은 진실일러라.

山居無事不淸貧 物累消除只一身 未信他鄕非我土 好從平地作仙人
頻舂藥臼煩無蘚 稀煮茶鑪靜有塵 法喜爲妻洵可樂 佛言皆妄此言眞

출전: 『다산시문집』 권5

해설 전체 16수 중 둘째 수로, 1810년에 지은 시이다.

• 법희法喜 불법을 듣고 희열을 느끼는 것. 『유마경』維摩經에 "법희를 아내로 삼고, 자비 慈悲를 딸로 삼는다"고 했다.

정약용 丁若鏞, 1762~1836

다산사경 茶山四景

3경 약샘¹ 藥泉

옹달샘엔 진흙 없어 모래만 쳐내고
바가지에 물을 떠서 저녁 노을을 마신다.
처음에 돌 속에서 옹달샘을 찾더니
끝내는 산속 약 달이는 사람 되었네.
어린 버들 길을 가리고 잎새도 둥둥 떠 있고
작은 복숭아는 이마 위에 거꾸로 꽃이 폈네.
가래 삭이고 고질병 나아 몸에도 맞겠으며
그 밖에도 푸른 샘물로 차 달이기 좋겠네.

玉井無泥只刮沙 一瓢剩取夾飡霞 初尋石裏承漿穴 遂作山中煉藥家
弱柳蔭蹊斜汎葉 小桃當頂倒開花 消痰破癖身堪錄 餘事兼宜碧磵茶

4경 차 부뚜막² 茶竈

푸른 돌 평평히 갈아 붉은 글자 새겨놓은
초당 앞에 차 달이는 작은 부뚜막.
아가미 모양 차 주전자 반쯤 벌어져 불에 휩싸이니

짐승 귀처럼 뚫린 두 구멍에 가느다란 김이 난다.
솔방울 주워다 새로 숯불 갈아 피우며
매화 불꽃으로 샘물 조절하네.
정기를 빼앗는다는 말 농담일 것이니
장차 단약의 화로 만들어 신선 되기를 배울 것이네.

靑石磨平赤字鐫 烹茶小竈草堂前 魚喉半翕深包火 獸耳雙穿細出煙
松子拾來新替炭 梅花拂去晩調泉 侵精瘠氣終須弄 且作丹爐學做仙

[1] 약샘은 지정 서북쪽 모퉁이에 있다. 처음엔 지대가 낮고 질퍽하였는데 씻어내고 나서 내가 이를 파내자 맑은 샘이 바위 가운데서 솟아 나왔다(藥泉在池亭西北隅 始喔沮洳 余鑿之 淸泉自石中迸出).
[2] 차 부뚜막은 지정 앞에 있다(茶竈在池亭之前).

출전: 『다산사경첩』茶山四景帖

해설 정약용이 1809년경 보은산방寶恩山房에서 다산초당茶山草堂으로 거처를 옮긴 뒤 네 가지 경물을 조성하고 이를 즐기는 모습을 적은 시이다. 이 시를 보면, 초당에 있는 네 가지 경물의 내력을 알 수 있다. 이 시는 『여유당전서』與猶堂全書에는 수록되어 있지 않은 것으로, 원제목은 편역자가 임의로 붙인 것이다.

정약용 丁若鏞, 1762~1836

범성대范成大의 시를 차운하여 윤영희尹永僖에게 보내다 次韻范石湖 丙午書懷十首 簡寄淞翁

가랑비 뜨락 이끼에 내려 초록 옷에 넘치기에
몸 약한 여종 느지막이 밥 짓게 두노라.
게으름에 책 내던지고 아이 부르는 일 잦고
몸은 병들어 의관 물리고 손님맞이 드무네.
『다경』은 복잡해 구증구포九蒸九曝°만 하고
번거로움 싫어서 닭은 한 쌍만 기른다오.
전원의 잡담은 비속하고 자잘한 게 많으니
점차로 당시를 그만두고 송시를 배우노라.°

小雨庭莎漲綠衣 任敎房婢日高炊 懶拋書冊呼兒數 病却巾衫引客遲

洩過茶經九蒸曝 厭煩鷄畜一雄雌 田園雜話多卑瑣 漸閣唐詩學宋詩

출전: 『다산시문집』 권5

- **구증구포九蒸九曝** 약재나 차를 만들 때, 찌고 말리기를 아홉 번씩 하는 일.
- **점차로 당시를 그만두고 송시를 배우노라** 감각적이고 기교적인 당시를 멀리하고 담박하고 철학적인 송시를 추구하겠다는 말이다.

해설   전체 10수 중 둘째 수이다. 정약용이 67세(1828)에 지은 시로, 이때는 귀양이 풀려 고향집 여유당與猶堂에 살며 지낸 지도 11년이나 되었다. 정약용은 옛 친구 윤영희와 시를 주고받으며 만년을 보냈는데, 이해에 윤영희가 죽었다.

정약용 丁若鏞, 1762~1836

다암시첩 茶盦詩帖

벽돌로 쌓은 조그만 차 부뚜막
이離(불) 아래 손巽(바람)인 정鼎괘의 형상이네.
차는 익고 아이는 조는데
하늘하늘 연기만 혼자 푸르구나. (茶山)

甓墼小茶竈 離火巽風形
茶熟山僮睡 裊煙猶自青

땔나무도 양식도 없으나
정신은 삼대三代에 노네.
예악과 인의는
성인의 가르침 계승하네.

樵蘇不爨 神游三代
禮樂仁義 如承聖誨

찾아오는 이 없어 고적하니
외로운 신세를 쓸쓸히 웃는다.

창밖으로 늘어선 섬들
푸른 연잎처럼 떠 있네. (西山)

無人問幽寂 孤笑影隨形

島嶼列窓下 浮如蓮葉青

발문 跋文

철종 5년(1854, 갑인) 봄 귤동에 사는 인척 아우 기숙 윤종삼尹鍾參이 아버님께서 손수 쓰신 시첩詩帖을 지니고 1천 리를 산을 넘고 물을 건너 마재로 왔다. "시첩은 장마다 왼편에 공간이 있습니다. 이는 최고 솜씨를 만나 그림을 그리도록 하고자 했으나 결국 뜻을 이루지 못했던 것입니다"라고 말했다. 나에게 공경히 원시原詩에 차운하여 가득히 채워 넣어 대대로 교분을 맺는 시권으로 만들자고 하였다.

  내가 받들어 한번 읽어보매 먹 흔적이 아직도 마르지 않은 듯하여 다암茶盦(다산초당)에서의 일상생활을 또렷이 눈으로 보는 것 같으니, 마치 뒷짐을 지고 소요하는 뒤를 따라 몸소 공손히 말씀을 받들며 모시는 것처럼 즐거웠다. 이에 마음에 감회가 일어나 나도 모르게 눈물이 옷깃을 적셨다. 드디어 비워놓은 곳마다 4구의 찬미하는 글과 차운시 한 수를 지어 공경스럽게 거기에 썼다. 또 이 시첩이 장차 남쪽으로 내려갈 터이라 절하면서 이별하자니 또 눈물 몇 줄기가 흘러내린다. 불초자는 나이가 이제 80세가 가까우니 이 생애에 어떻게 다시 이 시첩을 읽을 수 있으랴.

불초 아들 학연이 삼가 발문을 쓴다.

함풍 4년(1854) 7월 15일 송풍관松風館에서 썼다. (72세이다.)

歲甲寅春 橘村尹旗叔戚弟 賫先君子手寫詩帖 千里跋涉而至 謂帖每張左旁有空紙 蓋欲遇盡手而爲圖 竟未就也 要余敬次原韻塡滿 爲世講之契券 余奉讀一過 墨痕尙如未乾 茶盦起居寢餗 瞭然如目覯 悅若躬承謦欬 追陪於負手消搖之後 乃觸撥心懷 不覺涕淚之霑襟 遂於空處 每以贊四句 及奉次原詩一首 敬託之 此帖又將南下矣 拜而別 又泣數行下 不肖年今八艶 此生何可復讀也

不肖男學淵謹跋

咸豐四年 七月之望 在松風館書

七十二歲也

출전: 『여유당전서보유』與猶堂全書補遺 1

해설 「다암시첩」의 시 12편은 정약용이 강진에서 귀양 살 때, 특히 1808년부터 1818년까지 다산초당에서 지내면서 쓴 시 가운데 명구名句를 모아 손수 첩을 만들어두었던 것이다. 이 첩을 귤동 다산 밑에 살았던 인척 아우인 윤종삼이 1854년 큰 아들 정학연에게 가져와 찬贊과 차운시를 받아갔다. 이 시는 이광호 교수가 판독하여 번역해주었다.

조수삼 趙秀三, 1762~1849

같은 시사詩社의 벗들을 맞아 산사에 유람하며
邀同社遊山寺

다조茶竈와 시권은 동자에게 지게 하고
거문고와 바둑판은 망아지에 실었네.
구름 서린 옛 산사는 솔숲에 있고
바위 옆 시린 샘은 물소리 명랑해라.
눈부신 맑은 햇살 가슴을 녹이니
하루아침에 맑아져 속세의 때가 없구나.
한 달에 한두 번 유람을 주저할 것 있으랴
사랑이란 산수 사랑만 한 게 없는 법인데.

茶竈詩卷童子背 琴囊棋局驪兒載 棲雲古寺松林內 石上凍泉鳴環佩
日攬淸暉融肝肺 一朝瀅徹無塵穢 同遊何惜月一再 愛莫如玆山水愛

출전: 『추재집』秋齋集 권2

해설　시 모임의 벗들과 산사를 유람하며 읊은 시이다. 그 모임에 거문고와 바둑판 그리고 시권도 준비하였지만 차를 끓이는 다조 역시 필수품이다. 더구나 산사 옆 시린 샘물은 차를 끓이기에 더없이 좋아 맑은 햇살을 담은 샘물을 떠서 차를 마신다.

서유구 徐有榘, 1764~1845

거연정에서 차를 시음하다 居然亭試茶

높은 정자 난간에 기대니 모래사장 아스라한데
콩 같은 행인들이 눈길 속에 들어오네.
가령 행인들이 고개 돌려 바라보면
한 줄기 차 연기가 연화봉에 일겠지.

高亭憑檻渺平沙 似荳行人望裏賖

若使行人回首望 茶煙一縷起蓮華

출전:『번계시고』樊溪詩稿 기해편己亥篇

해설 1839년에 지은 시이다. 거연정에서 새로운 차를 음미하면서 멀리 모래사장의 행인들을 보며 시를 읊었다. 후반부는 행인들의 입장에서 차 연기가 피어오르는 연화봉을 바라보는 모습을 상상하며 읊었다. 거연정의 '거연'居然은 시간이 훌쩍 흐르는 모양이다. 세월이 덧없음을 뜻하는 말인데, 나의 삶도 정자가 지어지는 것도 그렇게 빠르다는 의미이다.
참고로 서형수徐瀅修가 쓴「풍석암장서기」楓石庵藏書記를 보면, 서유구는 젊은 시절 머물렀던 용주蓉洲의 풍석암에 차밭을 두고 직접 차를 재배했음을 알 수 있다. 조창록,『풍석 서유구에 대한 한 연구』(성대박사논문, 2003) 참조.

서유구 徐有榘, 1764~1845

육교가 보내준 시에 차운하고, 이어 빨리 오라고 재촉하다 次六橋寄示韻仍促其來

한 가지 명차는 유리사발로 시음하고
세 축의 시권은 쇄사刷絲* 벼루로 이루었네.
늙어 산속에 사노라니 다니기 게으르고
새벽에 훌쩍 가더니 돌아옴은 왜 더딘고.
들보 위 집 짓는 제비는 삼짇날을 알고
창호지 뚫는 벌은 꽃 피는 때 아는구나.
온 세상 풍광을 뉘와 함께 즐길꼬.
비 지난 뒤 날이 개니 눈썹 같은 초생달.

一槍茶試椀玻璃 三軸詩成硏刷絲 耄矣坐深行且倦 辰乎往速返何遲

落泥樑燕能知社 鑽紙衙蜂爲趁時 滿眼風光誰共賞 淸明雨過月如眉

출전: 『번계시고』 기해편

해설 1839년에 지은 시이다. 봄이 온 산속 초당에 새와 벌은 행복하게 날아다닌다. 비 갠 뒤 고운 초생달이 뜬 이 아름다운 봄 경치를 함께 즐길 이 없어, 유리잔에 차를 달여 마시며 떠난 벗을 기다리는 작자의 모습이 한 폭의 그림처럼 그려졌다.

• 쇄사刷絲 가는 줄무늬가 있는 돌로 만든 벼루이다.

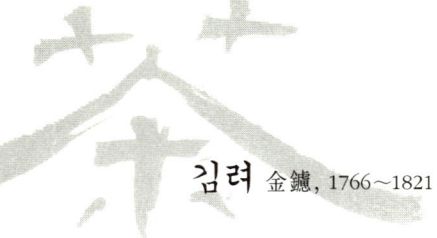

김려 金鑢, 1766~1821

도사 금청휘가 철비녹하차를 보내왔기에
謝琴道士淸徽 贈鎞鼻綠霞茶……

철비산 가장 높은 꼭대기
푸른 연기 뭉게뭉게 흩어져 있고,
푸르고도 맑은 비단 연못
그 가운데 부용봉이 솟았네.
봉우리 남쪽에 삼이 자라는데
천년 묵어 용이라는 보약이 되니,
향기로운 진액은 피부를 맑게 하고
곧은 기운은 마음을 상쾌하게 하네.
석굴에서 용암을 끓여대어
푸른 연기 눈앞에 자욱한데,
단학丹壑의 도인은
푸른 수염이 붉은 얼굴에 빛나네.
손에 금광초를 꺾어 들고
신묘하게 두 마리 백룡을 타고선,
반갑게 나를 맞아 선차를 권하여

만 곡斛의 유리잔에 마시는구나.

폐부에 바람이 불어

상쾌하게 옷깃을 날리고,

겨드랑이에 날개가 돋아

훨훨 날아 적송자赤松子*에게 인사하네.

銕鼻最高頂 紫煙散溶溶 錦池紺且瀅 中發玉芙蓉

葰生其山陽 千年養寶茸 芳津潤肌膚 直氣快心胸

石窟煮乳液 綠霞餓眼濃 道人自丹壑 翠鬢映朱容

手翳金光草 神騎雙白龍 勸我飮仙茶 滿剌琉璃鍾

肝肺化淸飇 爽然飛毛縫 兩腋亦羽翰 翩翩揖赤松

출전: 『담정유고』薄庭遺藁 권3

원제　도사 금청휘가 철비녹하차를 보내왔기에 일찍이 옥천산의 한림 이백의 고사를 듣고 본떠서 사의를 표하다. 謝琴道士淸徽 贈銕鼻綠霞茶擬嘗聞玉泉山 李翰林白

해설　철비녹하차는 철비산의 꼭대기 부용봉에서 나는 찻잎을 조제하여 만든 차이다. 꼭대기의 석굴 용암에서 사철 푸른 안개를 뿜어 올려 언제나 푸른 노을이 깔려 있는 것처럼 보이기에 철비녹하차라고 한다. 벗으로 지내는 도사 금청휘가 김려에게 이 귀한 철비녹하차를 보내왔다. 그래서 그 맛을 보며 마치 신선이 되어 하늘을 나는 듯한 기분을 노래하였다.

• **적송자**赤松子　신농씨 때, 비를 다스렸다는 신선의 이름이다.

김려 金鑢, 1766~1821
보이차 普洱茶

보이차 용단차 수준은
쌍정차를 뛰어넘지.
돌샘물 한 사발 끓이니
게눈*이 향기로운 안개 뿜네.

普洱龍團品 賽過雙井茶

石泉烹一撮 蟹眼噴香霞

출전: 『담정유고』 권4

해설 보이차는 쌍정차보다 좋은 차이다. 이 차를 마시기 위해 돌샘의 시린 샘물을 떠다가 물을 끓이며, 게눈처럼 거품이 생기는 모습을 보며 즐기고 있다.

• **게눈** 해안蟹眼, 물이 끓을 때 생기는 거품이 게의 눈을 닮았다고 해서 붙인 이름이다.

심상규 沈象奎, 1766~1838

밤에 앉아 차를 달이다 夜坐煎茶

외로움 못 견뎌 겨울 등잔 마주하고
솔 화로에 부채질하며 설창을 닫노라.
흰 안개에 향긋한 매화 송이송이 벙글고
푸른 호롱 밝은 촛불 쌍쌍이 빛나네.
배를 채울 문자˙는 사는 데 소용없고
손에 든 한 잔 차˙는 죽어도 아니 놓네.
그득그득 일곱 잔 마시니 한밤중인데
밝은 달빛에 가을 강물 일렁이네.

不堪孤坐對寒釭 自扇松爐掩雪牕 素霧薰梅開一一 綠漚攤燭炫雙雙

- **배를 채울 문자** 소식蘇軾의 시 「시원전다시」試院煎茶詩에서 "창자와 배를 채울 만한 문자 오천 권은 필요 없고, 다만 항상 충분히 자고 나서 해가 높이 올랐을 때 차를 한잔 끓여 마시는 것만을 바라노라"(不用撑腸拄腹文字五千卷 但願一甌常及睡足日高時)라고 한 데서 온 말이다.
- **한 잔 차** 원문의 '기창'旗槍을 번역한 말로, 기는 찻잎을, 창은 차나무 가지를 가리킨다.

撐腸文字生無用 到手旗槍死不降 七椀盈盈當半夜 高攀明月湧秋江

출전: 『두실존고』斗室存稿 권2

해설   늦겨울 매화가 필 무렵 밤에 홀로 앉아 차를 마시며 지은 시이다. 소식의 시를 인용하여 책보다 차가 좋다고 하며 밝은 달밤에 차를 즐기고 있다.

심상규 沈象奎, 1766~1838

동각의 교생들이 모여 차를 마시며
東閣校集 小華景博携酒……

담소가 잦아들자 밀려드는 허허로움

슬퍼라, 시계는 신시申時를 알리네.

술은 매화를 부인 삼듯 하고*

차는 감로수를 형 삼듯 하네.¹

중서성 교서각의 자리 참으로 부끄러우니

성스런 조정의 계고稽古*는 누가 환영桓榮과 같을까.

행여 남은 생애 과분한 일에 참여해도

언제나 글자 교정 법에 맞지 않을까 걱정이네.

譚笑旋消鄙吝萌 但愁促漏報申聲

酒惟是議梅爲婦 茶以其甘露有兄

中秘校書眞愧向 聖朝稽古孰如榮

- **술은 매화를 부인 삼듯 하고** 송나라의 임포林逋가 처자도 없이 매화를 부인 삼고 학을 자식 삼아 살며 은거한 데서 유래한다.
- **계고稽古** 국가의 전통과 의식에 밝아 조정의 전장과 학문에 도움이 된 것을 말한다. 후한 때 환영桓榮이 계고에 박학하여 한나라 조정의 의식을 확립하는 데 큰 공을 세웠다. 그 덕에 태자소부에 제수되어 치거輜車와 승마乘馬를 하사받았는데, 이때 제생들을 전부 모이게 한 다음, 그 거마와 인수印綬를 진열해놓고 말하기를, "오늘 내가 이런 은혜를 입은 것은 계고의 힘이었다"라고 했던 데서 온 말이다.

餘生幸與無能役 檢字常憂不中程

[1] 미불의 시에 "감로수를 형으로 두었네"라고 하였다(米芾詩茶甘露有兄).

출전: 『두실존고』 권2

원제　동각의 교생들이 모였다. 소화 경박이 술을 가져오고, 두계 순가가 차를 내왔다. 죽리 공세, 소홍 자전 직각 이용수, 경산 선지와 함께 시를 짓다. 東閣校集 小華景博携酒 荳溪舜可設茶 同竹里公世 小紅子田李直閣龍秀 經山善之拈韻

해설　당시 문장을 주도하던 젊은 동각 학사들이 모여 술과 차를 마시며 시를 짓는 풍류를 시로 표현하였다. 글자 교정의 소임이 부끄럽다고 말하면서도 계고의 실력을 자부하는 젊은 학사의 기상도 엿볼 수 있다. 제목에 나오는 인물들을 소개하자면 다음과 같다. 소화 경박은 이광문李光文의 호와 자이고, 두계 순가는 박종훈朴宗薰의 호와 자이다. 죽리 공세는 김이교金履喬의 자와 호이고, 소홍 자전 직각은 이용수의 호와 자 그리고 관직을 가리킨다. 경산 선지는 정원용鄭元容의 자와 호이다.

심상규 沈象奎, 1766~1838

차를 마시다 啜茗

설유는 찬 맷돌에서 줄줄 흘러나오고
솔바람 소리는 쏴쏴 옥반에 넘치누나.
아미蛾眉*에 옥사발이 분수에 없는 것 아니라
짐짓 도가陶家*의 설수雪水 풍류 따라 해보네.

雪乳霏霏磑碾寒 松濤習習泛珊盤
蛾眉玉椀非無分 且作陶家雪水看

출전: 『두실존고』 권2

해설   차를 마실 때에는 호사한 차림도 좋겠지만 눈을 녹여 차를 달이던 도곡陶穀의 풍류가 더욱 좋겠다고 말하고 있다. 청빈한 한사의 운치가 넘치는 시이다.

- **아미蛾眉**   나비 눈썹이란 의미로 미인을 가리킨다. 여기서는 기생을 말한다.
- **도가陶家**   송나라 도곡陶穀이 눈 오는 날에 아름다운 첩을 거느리고 눈 녹인 물에 차를 달여 마셨던 고사가 있다.

심상규 沈象奎, 1766~1838

몸소 차를 달이며 몹시 흡족하여 즐기다
自煎茶殊便愜足欣嘗

더벅머리 아이 곤히 자니 부를 것 없고
몸소 마른 가지 가져다 작은 화로에 부채질하네.
불 꺼진 뒤 솔바람은 밤의 골짜기에 잠기고
자기처럼 둥그런 달빛이 가을 호수에 떴네.
풀뿌리 부지런히 씹으매 맛을 알겠고
문자를 배 속에 넣으니 몸이 살지네.
육우의 옛 샘물 길은 번거로워 싫으니
금방 끓여 금방 마시는 게 나만 할까 보냐.

髥童惡睡不須呼 自拾枯枝扇小爐 火熄松風沈夜壑 磁圓桂月浮秋湖
菜根慣咬方知味 文字撐腸却助腴 陸羽舊經煩自厭 旋烹旋啜豈如吾

출전: 『두실존고』 권2

해설 곤히 잠든 더벅머리 아이를 깨우지 않고 몸소 가을 달밤에 차를 달이는 정취가 고즈넉하게 표현되었다. 육우의 샘물보다 가까이 있는 자신의 샘물을 더욱 좋아한다는 데에서 작자가 누리는 안빈낙도의 삶을 엿볼 수 있다.

신위 申緯, 1769~1845

청수부용각에서 저녁밥을 들고 清水芙蓉閣晚飯……

관아의 뜰에 새는 놀고 관리는 공무에서 물러나는데
산의 소나무는 푸르름으로 뒤덮이고 여뀌는 붉었네.
부용각 아래서 흰쌀밥 짓고
세연지洗硏池 가에서 벽통주碧筒酒를 기울인다.
이천 지방의 돌솥과 초평의 쌀에
회남왕淮南王 유안劉安의 두부* 와 주옹周顒의 배추*.
늙은 사내 밥 먹고 나자 할 일이 없어
남은 밥알 물고기에게 흩뿌려 입 벌름거리고 먹는 것 구경하네.
작은 아이 풀무로 부니 차 끓이는 불 살고
연기는 담장 모서리로 비껴 있고 해는 아래로 떨어지네.
잠깐 동안에 차가 익어 한 사발 가져다 마시고

- **유안劉安의 두부** 한나라 회남왕 유안은 요리에 일가견이 있어 처음으로 두부를 만들었다.
- **주옹周顒의 배추** 잘 여문 가을 배추를 말한다. 중국 남제南齊 때 왕검王儉이 주옹에게 채소 중 가장 좋은 것이 무어냐고 묻자, 주옹이 "봄의 부추와 늦가을의 배추이다"라고 대답했다.

북쪽 창에서 발 뻗고 맑은 바람 속에 잠잔다.

訟庭鳥戱吏退公 山松翳翠水蔘紅 芙蓉閣下炊白粲 洗硏池頭傾碧筒

伊川石鼎草坪稻 劉安豆腐周顒菘 老夫飯罷無所事 殘粒施魚看唼喁

小童吹籥茶火活 烟橫墻角日下舂 須臾茶熟引一椀 企脚北窓眠淸風

출전: 『경수당전고』敬修堂全藁 명금채약지헌존고鳴琴采藥之軒存藁

원제 청수부용각에서 저녁밥을 들고 나서 서생 유하주兪河柱에게 써서 보이다. 淸水芙蓉閣晚飯 書示兪生(河柱)

해설 1814년에 지은 시이다. 청수부용각은 곡산부 동헌 옆에 있는 연못가의 누각인 듯하다. 이 짐작이 맞다면 이는 정약용이 곡산부 관아 건물을 짓기 위해 흙을 파내 물을 끌어 연못을 조성하여 연꽃을 심고 그 가에 누각을 세운 것인지 모르겠다. 이 책에 나오는 신위의 시는 많은 부분을 한국고전번역원의 권경렬 선생이 편역한 『다옥에 손님 오니 연기가 피어나네』(너럭바위, 1998)를 참조하고 그 내용을 다듬은 것이다.

신위 申緯, 1769~1845

자오천 시를 섭지선에게 부친다
子午泉詩 遙寄葉東卿(幷序)

문달 기윤紀昀의 옛집이 지금은 동경 섭지선葉志詵의 집이 되었는데, 그곳에 이른바 자오천子午泉이 있다. 그 샘물은 맛이 짠데 하루 12시 가운데 오직 자시 초(11시)와 정오(12시)에만 맑은 수맥이 솟아 나와 달고 차가움이 보통 때와 다르고, 그때가 지나면 예전과 같이 짜다. 판서 옥호 이조원李肇源이 사신으로 갔다가 돌아올 때에 섭지선이 정성스레 부탁하여 우리나라 사람들의 시詩를 두루 구했다. 나 또한 섭지선과 안 지가 오래되었기에, 이 시를 읊는다.

紀文達(昀)舊宅 今屬葉東卿 有所謂子午泉 泉味鹹 一日十二時中 惟子初午正二時 淸脉湧出 甘洌異常 過時焉則依舊鹹也 玉壺李尙書(肇源)之使還也 東卿諄託玉壺 遍求東人題詠 余亦有舊於東卿 爲賦此

기윤 노인과 섭공葉公이 자오천 주인 되니
빛나는 문장이 상서로운 때에 일어나네.
대낮에 바야흐로 고요함 생김은 밀물과 같고
밤이 가운데 이르니 기운도 따라 이르네.
자석이 바늘을 끌어당김은 원래 이치가 있고
마니주摩尼珠는 흐린 물에 있어도 스스로 지각을 품네.

차를 달이고 벼루 씻으며 거듭 손잡고
만권루 머리에서 뒷기약 묻는다.[1]

嵐老葉公泉作主 煥乎文字發祥時 晝方生寂潮相似 夜到於中氣至之
慈石引箴原有理 尼珠在濁自含知 煎茶滌硏重携手 萬卷樓頭問後期

[1] 섭지선은 8만권 서루書樓가 있다(東卿有八萬卷書樓).

출전: 『경수당전고』 소재속필蘇齋續筆

해설   1817년에 지은 시이다. 동경東卿 섭지선은 조선 후기 우리나라 문인 학자들과 교유한 청나라 금석학의 대가로 완당 김정희와 교유가 깊었으며 신위와도 우의가 두터웠다.

신위 申緯, 1769~1845

그림을 대신하다(13칙) 代畵 十三則(幷序)

지난 13년 전에 나는 「왕문성수화독서십삼칙」王文成壽畵讀書十三則을 보았는데, 제목과 구상이 이른바 선비의 의기와 작가의 솜씨를 모두 갖춘 것이었다. 왕양명王陽明의 문인이 쓴 것으로 기억하는데, 그 성명은 잊어버렸다. 이는 진천鎭川 이씨의 만권루 시렁 가운데 꽂혀 있던 물건으로 다시 볼 수 없는 귀한 것이었다. 내 나이 올해 50세로 이 그림을 어렴풋이 생각해내고는, 장난삼아 시로써 대신하고 스스로 장수를 빌었다. 일상생활에서 앉거나 눕고 가거나 머물고 잠자거나 먹고 두 손 맞잡고 서거나 꿇고 기댐을 조목으로 한 것은 내가 스스로 창안한 바 집에서 살아가는 각종 모습을 갖추어 적은 것이니, 한 마디도 허투루 지어낸 말이 아니다. 그러니 훗날의 독자가 오히려 한가하게 즐긴 나의 만년 취미를 알게 될 것이다. 1818년 음력 정월 초이렛날 소재蘇齋 50세 늙은이가 쓰다.

往在十三年前 余見王文成壽畵讀書十三則 命題布置 另出機杼 所謂士氣作家俱備者 意其門人之筆 而姓名則忘之 此爲鎭川李氏萬卷樓 揷架中物 不可再見也 余今年五十 髣想此畵 戱以詩代之 而自壽焉 其以起居坐臥行住眠食拱立跪倚踞 爲目者 卽余所自刱 而備述居家雜儀 無一言虛設也 後之覽者 尙知余暮年閑適之趣 戊寅人日 蘇齋五十翁書

일어나기 起

창문 환히 밝자 아침 까마귀 시끄러운데
오사모烏紗帽 쓰고서 홀로 차를 따르네.
놀랍게도 간밤에 수선화가
옛 꽃병 속에서 파란 마늘싹을 내밀었다네.[1]

紙窓全白噪朝鴉 烏帽籠頭自注茶
一夜水仙花錯認 古瓷青吐麝香芽

일상생활 居

책 보다 던져버리니 무더기를 이루고
향 연기 차 연기 흩어도 사라지지 않네.
작은 집이나마 손님 자리는 좁지 않건만
해가 바뀌어도 인사 오는 이 한 명도 없네.

看書抛却疊成堆 香篆茶烟撥不開
小屋何嫌賓位窄 更無一客拜年來

잠자기 眠

봄이 되니 사지가 나른해지는데
차 끓는 머리맡엔 향이 그윽하네.
글 보지 않아도 나름대로 맛이 있으니
창에 가득한 솔 그림자 아래 책 주머니 베고 눕는다.

春生四體休休煖 茶熟頭湯漠漠香
一字不看中有味 滿窓松影枕書囊

[1] 도곡의 『청이록』淸異錄에서는 마늘이 오대 시절 궁중에서 '사향초'라 불렸다고 했다(陶穀淸異錄 蒜 五代宮中 呼麝香草).

출전: 『경수당전고』 무인록戊寅錄

해설 1818년에 지은 시이다. '소재'蘇齋는 원래 소동파를 좋아했던 옹방강翁方綱의 호이나, 그 영향을 받아서 신위 역시 스스로를 소재라 하였다. 「자오천 시를 섭지선에게 부친다」의 출전에도 '소재속필'이라는 서명이 나온다.

신위 申緯, 1769~1845

한림학사 김정희 시를 차운하여 바치다
次韻秋史內翰見贈(幷序)

나는 승정원에 들어간 뒤로는 스스로 완연히 노인의 모습으로 여겨서 활기 넘치는 젊은이의 행동을 할 수 없었다. 그나마 다행인 것은 한림학사 추사秋史 김정희金正喜와 더불어 날로 빈번히 흥겹게 모이는 일이었다. 추사는 늘 이름난 차를 새로 끓이면 어린 종에게 한 잔을 들려서 보냈다. 하루는 차를 보내고 조금 있다가 추사가 왔다. 그는 소매에서 금빛 들인 작은 종이를 꺼냈는데, 위쪽에 시가 적혀 있었다.

　내가 말했다.
　"그대는 시상詩想을 지어냄이 민첩하고 오묘하니 차 한 잔을 마시는 사이에 지었겠지."
　추사가 웃으며 말했다.
　"과연 차를 끓이는 사이에 지었다네."
　이튿날 저녁밥에 죽순을 구워 추사에게 한 묶음 보내며 말했다.
　"한림학사에게 말씀드리노니, 이 죽순의 맛이 담박하고 오묘함은 고기나 장을 쓰지 않는 데 달려 있네."
　대개 그의 시 짓는 법에서 비유를 취한 것이다. 또 추사를 통해 요즘 출판된 『유송람시집』을 보니 책머리에 옹방강의 서문이 있었다. 이에 더불어 시에 대해 토론하며 두보 시법詩法의 핵심을 찾아보았다. 간간이 손을 잡고 숨겨두었던 〈쾌설당첩〉과 옹방강이 쓴 대구 족자 1연, 고운처사 왕진붕의 〈소계고은도〉 1축 등 세 가지 서화를 서재에서 꼼꼼히 감정하여 승정원에서의 묵연을 증명했다. 추사는 또 나를 위해 좋은 종이를 1발 남짓 꺼내어 짙게 먹을 모아 '벽로방'에서 편액을 썼는데 웅장한 기세가 두려울 만했다.

    승정원의 늙은 아전들도 우리 두 사람이 대낮 직무 보는 여가에 시문이나 서화를 헤아려 평론하니 눈을 휘둥그레 뜨고 처음 보는 일인 듯하였다. 어제 나는 추사와 비를 무릅쓰고 왕명을 받들어 직무를 수행하면서 나란히 걸어 서향각에 이르렀다. 승정원을 3~4리쯤 뚫고 지나노라니 짙푸른 회나무가 크게 삼엄하고 싱그러웠다. 그것을 바라보다가 문득 예전 1794년에 임금님의 뜻에 따라 서향각 주련柱聯을 지어 올리자, 죽석 서영보徐榮輔에게 써서 올리라 명령한 일이 떠올랐다. 이때 나는 아직 포의의 선비였기에 평생의 영광이라 여겼다. 지금 갑자기 이곳을 오니 어찌 능히 감촉됨이 없으리오. 무릇 이 몇 가지 일은 모두 문단의 아름다운 이야기가 됨직하다. 따라서 추사가 보내온 시의 운자를 빌려 시 두 편을 짓는다.

余入銀臺 自視黃面老子 不堪作顧影少年態 猶幸與秋史內翰 興會日繁 秋史每有名茶新淪 命侍童挈一甌至 一日送茶 少焉 秋史亦來 袖示漱金小箋 上有詩 余曰 君詩思敏妙 在一煎茶頃 秋史笑曰 果在扇爐間得爾 明日晚飯燒筍 旣致秋史一束 曰 傳語內翰 此味淡妙 在不肉不豉 蓋取喩於其詩法也 又從秋史 見近刻劉松嵐詩集 卷首有覃序者 仍與商略詩 求杜法之旨 間携致敝藏快雪堂帖 覃書對子一聯 孤雲處士王振鵬茗溪高隱圖一軸 右三種書畫 對榻審定 以證金門墨椽 秋史又爲余出佳紙丈餘 濃堆墨 作碧蘆舫隸扁 傑然可畏 院中老吏 見吾兩人職務旁午中 翰墨商訂 瞠乎以爲初見 昨余與秋史 冒雨祗役 聯步至書香閣 穿過仙掖四三里許 玉樹葱蒨 深嚴芳潤 因憶往在甲寅 應旨撰書香閣楹聯 旋命竹石徐閣學書進 時余

尙韋布年少 以爲平生榮遇 今忽身踐斯境 能無振觸 凡此數事 皆可書爲藝林佳話
因借秋史見贈韻 綴爲二詩

이렇게 사귄 기쁨 갈수록 깊어지는데
시간은 어김 없어 세월은 흐른다.
갈대 차갑고 예서隸書는 오래되어 정신과 마음 합하고
차를 끓이며 시도 이루어 기운과 운치를 겸했다.
우산에 비 떨어지는 소리 같이 들으며 한림원* 길 걷고
서향각에서 홀로 슬픈 30년 마음이네.
한림학사와 승지는 모습이 소탈하니
관각의 아름다운 이야기 써서 보댄다.

有此交歡一往深 不虛鐘漏送光陰 蘆寒隸古神情合 茶熟詩成氣味參

傘雨同聽八甎步 書香獨愴卅年心 翰林承旨容疎放 佳話蠻坡續筆添

출전: 『경수당전고』 화경잉묵花徑賸墨

• **한림원** 원문의 팔전八甎은 한림원을 가리키는 말이다. 당나라 때 학자인 이정李程이 한림학사가 되었을 때 매일 해가 여덟 번째 벽돌을 비출 때에야 출근하였다는 고사에서 유래하였다.

해설 전체 2수 중 첫째 수이다. 1821년에 지은 작품으로, 자하 신위가 추사 김정희와 만나 차와 서화로 교유하는 모습이 나타난 시이다. 김정희는 한림원에서 근무하는 여가에 차를 끓이고 시를 지어서 신위에게 보냈고, 신위는 또 그것을 평해서 답하곤 하였다. 또 중국의 서화를 풍부하게 소장하고 있던 김정희는 신위에게 특별히 그것을 보여주기도 하였음을 알 수 있다.

신위 申緯, 1769~1845

시를 수놓은 연꽃 보따리 繡詩荷包 二首(幷序)

해정의 옛집 왕씨 집은 빈경彬卿 정운시鄭雲始와 교분이 있었는데, 시를 수놓은 연꽃 보따리에 이르기를, "저희 집의 자수는 거의 대부분 정성을 다한 것이니, 자하대인께서는 청컨대 편안히 읊조려 주십시오"라고 하였다. 나는 왕씨 집 누이 서넛이 모두 무척 아름답고 정숙하며, 가장 어린 사람은 13세가 채 되지 않았는데 나의 글씨와 그림을 유난히 사랑하여, 여러 날 동안 피곤할 줄도 모르고 먹을 간다 차를 올린다 하며 시중들었던 일을 여태 기억한다. 그러나 글씨를 수놓은 것이 그이들 중 누구의 솜씨인지는 모르겠다.

海淀舊館王家而交彬卿 繡詩荷包云 是家繡 多多致意 紫霞大人 藉請吟安 余尙記王家娣妹三四 皆娟秀靜麗 最幼小者十三尙不足 愛余字畵特甚 磨墨捧茶 屢日不知疲 繡針或出此女郎手 未可知也

어린 꾀꼬리 지저귀는 소리 시 읊는 자리에 가깝고
두구나무 우듬지엔 2월의 하늘.
푸르름으로 물들인 것 같은 서쪽 산이 좋으니
반은 먹빛이고 반은 차 끓이는 연기로다.

雛鶯恰恰近吟邊 荳蔻梢頭二月天

愛殺西山靑似染 半沈墨氣半茶烟

출전: 『경수당전고』 홍잠집紅蠶集 권1

해설   1824년 빈경 정운시가 서장관을 좇아 북경에 가게 되었는데 신위가 그 편에 절구 3수를 지어 왕씨 집에 주었다. 이 시는 정운시가 북경 왕씨 집에서 받아 온 시를 수놓은 연꽃 보따리를 보고 지은 것이다.

신위 申緯, 1769~1845

전림의 시를 논한 절구 翠微副使……

다산茶山이 전해준 담담한 차 달이는 법
남조南朝를 우습게 볼 이 몇이나 될까.*
하염없이 옛일 슬퍼하매 시흥詩興은 식어가는데
가을바람만 쓸쓸히 마승馬塍의 꽃*에 부네.

茶山傳法淡烹茶 睥睨南朝有幾家
弔古翩翩詞致冷 西風吹瘦馬塍花

출전: 『경수당전고』 창서존고倉鼠存藁 권2

- **다산茶山이~ 몇이나 될까** 이 시에서 말한 다산茶山은 육우에게 시詩와 차를 가르친 스승 증기曾幾를 말하고, 남조南朝는 육우가 남송 사람이기에 이렇게 표현한 것이다. 조경부趙庚夫가 『시인옥설』詩人玉屑에서 두 사람의 관계를 칭송하여 "청명하기는 달 밝은 한밤보다 청명하고, 맑기는 차 달이는 샘물처럼 맑아라. 아! 스승에 버금가는 제자 있으니, 검남이 벌써 시풍을 전해 받았도다."(淸於月白初三夜 淡似茶烹第二泉 咄咄逼人門弟子 劍南己見一燈傳) 하였다.
- **마승馬塍의 꽃** 가을과 겨울에 온실을 만들어 인공적으로 피운 꽃. 마승은 송나라 무림武林 사람이다. 그는 원예에 이름이 높았는데, 꽃을 관리하는 법이 뛰어났다. 그는 원예에 이름이 높아 하룻밤 새 꽃을 피웠다고 한다.

원제　취미翠微 신재식申在植 부사가 북경에서 돌아와 금속학사 전림錢林의 근체잡시를 보여주었다. 거기에 시를 논한 절구가 있었고, 또 내가 지은 회인시에 붙인 절구 두 편이 있었다. 그래서 그 뜻을 살려 시를 짓고, 동지사冬至使가 갈 때 금속학사에게 부쳐서 감사의 뜻을 전하려 한다. 翠微副使 歸示錢金粟學士(林) 近體雜詩 有論詩絶句 又有題余懷人詩後二絶句 故各用其意 以竢冬使 附寄金粟爲謝

해설　전체 5수 중 셋째 수이다. 신위가 중국으로 가는 사신을 통해 유명한 문인 학자였던 전림과 교유하였음을 보여주는 시로, 1827년에 지었다. 신위는 육우와 그의 스승 증기에 대해 읊은 조경부의 시를 원용하여 이 시를 지었다.

신위 申緯, 1769~1845

꿈을 풀이한다 圓夢四篇(幷序)

해남현 대둔사의 중 초의는 이름이 의순으로 시승詩僧이다. 새로 두륜산 서쪽 기슭에 구련사라는 암자를 지었는데, 이사하던 날 밤 꿈에 어떤 사람이 큰 소리로 "자하도인이 왔다" 하였다. 보니 한 서생이 푸른 적삼을 입었는데 마흔쯤 되어 보였다. 그 성씨를 묻자 웃으며 대답하지 않고 다만 이름을 써 보였다. 잠시 뒤에 금박을 입힌 냉금전冷金箋*을 꺼내더니 벽과행서擘窠行書*로 '소재'라 썼다. 또 예서로 '대내'對耐 두 글자를 쓰더니, '내'耐자 '촌'寸변에 이르러 초의로 하여금 채우라 하였다. 초의가 감히 할 수 없노라고 사양하자 웃으며 다시 붓을 잡고 마저 썼다. 다 쓰고는 갓 하나를 주며 "이것은 문수관文殊冠이다" 하기에 초의가 절하고 이를 받았다. 금년(1830) 초의가 서울에 와서 금령(박영보朴永輔)에게 그 일을 이와 같이 읊어 바쳤다. 금령은 곧 7언 장가를 지어 기록하고 「몽하편」이라 이름을 붙이고는 사람을 통해 나에게 보여주었다. 나 또한 시 네 편을 만들어 다시 금령과 초의로 하여금 모두 화답하게 하여 바닷가 훌륭한 사찰의 불승과 천 리의 묵연墨緣을 맺었다.

• **냉금전冷金箋** 금박을 입힌 고급 종이의 하나.
• **벽과행서擘窠行書** 큼직하게 행서로 쓴 글씨.

海南縣大芚寺僧草衣 名意恂 詩僧也 新結茅頭輪山西麓 號曰九蓮社 移住之夕夢 人呼曰 紫霞道人來矣 見一書生 衣青衫 貌可四十許 問其姓 笑不應 但書名以示之 少頃出冷金箋 作擘窠行書曰蕭齋 又隷書對聯二字 而書至耐字寸邊 令草衣足之 草衣辭不敢 笑更援毫書畢 贈以一冠曰 此文殊冠也 草衣拜受之 今年草衣來京師 見錦舲而咏其事如此 錦舲卽爲七言長歌以記之曰 夢霞篇而轉示余 余亦爲詩四篇 復令錦舲·草衣皆和之 以結海上名藍千里墨緣

스님이 어찌 세상에서 구함 있는 분이랴
뜻을 실행하려 석장錫杖 날려 서울에 왔을 뿐.
규수들 윤집閨集*의 예처럼 화운을 하니
차를 달이는 박사로 이름난 행적을 후회하네.¹
목서화 향기* 맡음은 설법 밖의 깨달음이고
여문 매화를 봄은 원인을 심은 결과라네.
틀림없이 불도는 스님의 방석 위에 있으니
한밤중에도 주지의 거처에 바다 위 해가 뜨리.

師豈有求於世者 意行飛錫到王城 詩拈閨集閨媛例 跡悔煎茶博士名
聞木犀香離說悟 看梅子熟種因成 只應道在蒲團上 方丈三更海日生

- **윤집閨集** 정집正集의 뒤에 붙이는 중·도사·여자 들의 문집을 가리킨다.
- **목서화 향기** 깨달음을 비유한 말이다. 어떤 사람이 황룡黃龍 회당 선사晦堂禪師에게 법을 물었더니, 선사가 "뜰 앞에 있는 목서화의 향기를 맡았는가?" 하였다. "맡았습니다" 하니, "나는 그대에게 숨김없이 말해주었노라" 하였다.

¹ 초의는 차를 잘 만들었는데, 금령에게 일찍이 초의의 차 노래가 있었다. 이로써 더불어 사귐을 증명한다(草衣工製茶 錦舲嘗有草衣茶歌 因與證交).

출전: 『경수당전고』 용경소초蓉涇小草 권2

해설　신위가 초의 선사와 교우하게 되는 과정을 기념하여 읊은 시로, 1830년에 지은 것이다. 그 서문을 보면, 초의 선사가 꿈속에서 자하도인을 만난 이야기를 금령 박영보에게 해주었고, 박영보는 그 내용을 시로 지어 신위에게 보여주었다. 그러자 신위는 다시 시를 지어 두 사람에게 화답해주기를 구했고, 그것으로 세 사람의 인연이 시작되었음을 알 수 있다.

신위 申緯, 1769~1845

초의 선사가 차 네 덩어리를 보내다
草衣次余贈錦舲詩韻甚佳……

도잠道潛*과 소식蘇軾이 서로를 권면하였더니
그런 즐거움이 늙은 내게도 있을 줄이야.
엄숙하게 마시는 차는 속인을 경계하기에 알맞고
좋은 시 아름다운 구절은 참선과도 부합되네.

돌아가신 이의 명을 구하니 스승이 살았는 듯
삼생은 짧은 찰라, 마음은 절로 원만해지네.[1]
속세의 속인들을 두고 가지 못하니
정을 초월한 이도 때때로 정에 끌리더뇨?

道潛坡老共周旋　此樂衰年有此年
苦茗嚴時宜砭俗　好詩佳處合參禪

乞銘二夢師如在　彈指三生性自圓
檀越滿城歸不得　忘情時有爲情牽

• **도잠道潛**　송나라 때 소식과 시우詩友가 되어 많은 시를 주고받은 참료 선사參寥禪師를 말한다.

[1] 내가 지은 탑명의 서序는 다음과 같다. "별이 올 때 와서 참본성이 갈 때 가셨구나. 이것이 생사의 두 꿈이다. 총림을 관장하며 『화엄경』을 강론한 지가 19년에, 금빛 옥빛 장엄한 불상을 조각한 것이 1,003개인데, 이것이 생사 사이의 사업이다. 대사께서 입적하신 뒤 문인의 꿈에 현몽하여, '과거도 이와 같고, 현재도 이와 같고, 미래도 이와 같다!' 하였다. 문인이 드디어 삼여 대사라고 시호를 올리고, 그 사리탑에 '삼여지탑'이라고 썼다."(余所撰塔銘序曰 星來而來 眞去而去 此生與死之二夢也 主盟叢林 講華嚴者 一十九年 莊嚴金碧 調玉像者 一千有三 此二夢中間 空花事業也 大師示寂後 見門人之夢曰 過去如 現在如 未來亦復如 門人遂以三如爲師諡 書其塔曰三如之塔)

출전: 『경수당전고』 북선원속고北禪院續藁 권1

원제 초의 선사가 내가 금령에게 준 시를 차운해서 시를 지었는데 매우 좋았다. 그래서 다시 원운原韻을 써서 읊은 것이다. 이때 초의 선사는 그 스승 완호琓虎 대사를 위해 삼여탑을 세우면서 명시銘詩를 해거도위 홍현주洪顯周에게 짓게 하고 나에게는 서문序文을 부탁하였다. 그러면서 차 네 덩어리를 보내왔는데, 그가 손수 따서 만든 이른바 보림백모寶林白茅였다. 시 가운데 아울러 이 일을 언급했다. 草衣次余贈錦舲詩韻甚佳 故更用原韻賦示 時草衣爲其師玩虎大師 建三如塔 乞銘詩於海居都尉 乞序文於余 而遺以四茶餠 卽其手製 所謂寶林白茅也 詩中幷及之

해설 1831년, 초의 선사가 상경하여 해거재海居齋 홍현주에게 그 스승의 탑명을 부탁하고, 신위에게 서문을 부탁하며 차를 보냈을 때 지은 시이다. 그 내용을 보면 송나라 때 도잠과 소식이 서로 교우하였듯이, 초의와 신위가 승려와 시인의 신분으로 도타운 우정을 맺게 되었음을 읊고 있다.

신위 申緯, 1769~1845

귀양살이의 한 기쁨 衙後松石乳泉……

고승高僧이 석장 꽂아 판 곳이 아니던가*
소나무 그늘 짙어 달빛 별빛 잠기지 못하네.
깊은 샘에서 진리를 긷노라니 글맛(書味)이 통하여
정수리에 제호醍醐*를 부은 듯 불심佛心을 깨닫네.
샘물이 달콤하니 죽은 샘물 아니고
바닷가라 하더라도 빗물은 짜지 않지.
천하의 차 끓이는 물을 논해보건대
강왕곡康王谷 물*이 제일이라면 이 샘은 두세 번째는 되리.

莫是高禪卓錫劚 松陰未許月星涵 汲深金碧通書味 灌頂醍醐悟佛心
泉水必甘非死氣 海雲之雨不生鹹 若論天下煎茶品 第一康王此二三

- **고승高僧이~아니던가** 맑은 물이 솟아나는 샘이 곧 고승이 석장을 꽂아서 판 샘이란 의미이다. 육조대사六祖大師 혜능慧能이 조계曹溪에 석장을 꽂자 이 구멍으로 샘물이 솟아올랐다. 이를 탁석천卓錫川이라 한 데서 유래한 말이다.
- **제호醍醐** 우락牛酪 위에 엉긴 기름 모양의 맛이 좋은 액체. 전하여 불성 또는 불법의 묘리를 비유한다.
- **강왕곡康王谷 물** 중국 강서성江西省 성자현星子縣 서쪽 강왕곡에 염수簾水가 있다. 물줄기가 바위에 퍼져서 마치 발과 같은 모습으로 흘러내기 때문에 붙인 이름이다. 육우는 그 물을 천하 제일이라고 품평하였다.

출전: 『경수당전고』 무헌집椒軒集 권2

원제 관아 뒤편 솔과 돌 사이에 유천이 있는데 맛이 달고 시원해 범상한 품등이 아니기에 내 음식과 차를 끓이는 데 썼다. 귀양살이의 한 기쁨이라 이 때문에 이 시를 읊는다. 衙後松石乳泉 味甘洌 非凡品也 給吾飮食茶湯之用 是爲謫居一喜耳 爲賦此詩

해설 1833년에 지은 시이다. 평신진의 첨사로 재임하며 관아 뒤편의 샘물을 길어 차를 끓여 마시는 정경을 읊은 시이다. 평신진은 지금의 충남 서산시 대산읍에 있었던 조선 시대 군영이다. 신위는 그곳의 샘물을 강왕곡의 샘물에 이은 두세 번째 가는 등급이라 하였다.

신위 申緯, 1769~1845

5일 새벽에 일어나 보니 눈이 왔다 初五日 曉起始雪

다방 거리 종이 파는 집
천 겹의 눈송이가 설화지雪花紙보다 희구나.
주막 길 종 울릴 제 언 나막신 소리 들리고
시전 다리 등불 꺼질 때 찬 까마귀 시끄럽네.
하얀 작은 뜰엔 시인이 섰고
파아란 한 그루 소나무는 화의畫意를 더하네.
이 사이에 있음이 설법과 같으니
글자 하나 없어도 절로 천연의 시라네.

茶坊街裏紙商家 鏡面千堆壓雪花 酒徑鐘鳴聞凍屐 市橋燈落噪寒鴉
小庭虛白詩人立 獨樹冬靑畫意加 悟在此間如說法 了無一字自天葩

출전: 『경수당전고』 북원집北轅集 권1

해설 1833년에 지은 시이다. 이 시에는 차를 마신다거나 끓이는 등의 언급은 없으나 '다방 거리'라는 단어가 당시의 차 문화를 이해하는 데 참고가 된다고 판단하여 수록한 것이다.

신위 申緯, 1769~1845

황산 김유근의 봄을 읊은 시에 차운하다
次韻黃山尙書見示春詩 四首

2

온 거리에 만발한 꽃들 향기가 진동해도
봄날 내내 외출 않고 그윽한 일 즐겼네.
『다경』에서 물을 품평한 것은 속을 시원하게 하고
『병사』에서 꽃꽂이 소개해 놓아 바람도 두렵지 않네.
오래된 상자엔 한 해를 쓸 먹이 남았지만
썰렁한 부엌에는 하룻밤을 넘길 쌀조차 없다네.
계단에 난 풀빛은 서대초書帶草˚가 얽힌 듯하니
잘못하면 사람들에게 정소동鄭小同˚이라 불리겠네.

九陌香塵萬斛紅 一春幽事閉門中 茶經品水能醒肺 瓶史修花不怕風
古篋支年餘墨貯 寒廚隔宿立甖空 侵階草色縈書帶 謬被人呼鄭小同

• **서대초**書帶草　후한 때의 학자 정현鄭玄이 독서하던 곳에 나던 풀이름.
• **정소동**鄭小同　정현의 손자. 정현이 자기와 손금이 비슷하다고 해서 손자의 이름을 소동이라 지었다고 한다.

4

늙음 물리치는 새 방법은 오금희五禽戱* 놀이이지만
오히려 독서하면서 봄날의 시간을 아끼련다.
자연에서 방황하던 발자취는 우연히 거두었지만
평생토록 보답하고자 하는 마음 헛되이 저버렸네.
술을 싣고 오는 사람 없으니 이끼가 끼었고
시를 짓는 배에 들어가니 푸른 갈대 깊구나.*
때때로 참선하는 자리, 차 끓이는 연기 가에
바람이 날리는 꽃을 보내 흰 귀밑머리 스친다.

却老新方戱五禽 猶將書冊惜春陰 偶收湖海飄零跡 虛負平生報答心
載酒人稀蒼蘚合 敲詩舫入碧蘆深 有時禪榻茶烟畔 風送飛花鬢雪侵

출전: 『경수당전고』, 축성삼고祝聖三藁

해설 전체 4수 중 2수와 4수이다. 1836년에 지었다. 김유근金逌根은 조선 후기 안동 김씨 세도정치의 중심에 있던 인물인 김조순金祖淳의 아들로, 신위와는 시서화를 통해 교유하였다.

- **오금희五禽戱** 도가에서 다섯 짐승의 자세를 흉내 내어 신체의 여러 관절을 부드럽게 하여 혈액 순환이 잘되게 하는 양생법. 호랑이·사슴·곰·원숭이·새 등의 자세를 본떴다.
- **시를 ~ 깊구나** 갈대로 만든 작은 배가 벽로방碧蘆舫이다. 또 신위의 다른 호가 벽로방이므로 이렇게 표현한 것이다.

신위 申緯, 1769~1845

초의 선사가 차와 편지를 보내주다
釋草衣有書致茶……

몇 년 지난 뒤에 스님 건강하시다면
머물고 계신 금선도량*으로 찾아뵈렸더니,
스승의 사리탑기를 간청하는 편지와
새로 만든 차를 산방에 보내주셨구려.
조금씩 음미하며 찻잔 빛깔 감상할 제
끼쳐 오는 댓잎 향을 먼저 마시오이다.
깨달음은 마음에 있는 것 하필 만날 것 있겠소
상을 마주하여 말하매 담박하게 서로를 잊었구려.

數年然後聞師健 瓶錫金仙趁道場 葬佛苦心徵塔記 製茶清供到山房
細傾且玩瓷甌色 透裏先聞箬葉香 悟在虛空何必面 對床言說淡相忘

출전: 『경수당전고』 축성팔고祝聖八藁

• **금선도량金仙道場** 서울 동대문구 청량리에 있던 금선암金仙菴을 일컫는 듯하다.

원제   초의 선사가 차와 편지를 보내 스승의 사리탑기를 구하면서 금선방장金仙方丈에서 한번 모이기를 바랐다. 이때 제향祭享을 주관하는 일 때문에 나아가지 못하여 시로써 화답했다. 釋草衣有書致茶 求其師舍利塔記 且願金仙一會 時有享役未赴 以詩爲答

해설   이때 초의 선사가 요구한 사리탑기는 그 스승 완호 스님의 비문이다. 1838년에 지었다.

신위 申緯, 1769~1845

황간현감의 아우가 차와 술을 보내다
黃澗李使君賢弟(儒駿)……

밤에는 시를 짓느라 기쁘고
아침에는 장부 보느라 바쁘겠지.
사또는 명성이 성대하고
형수님은 기체후 강녕하시리.
손수 낸 솔차 정갈하고
입술 적신 계로주 향기롭다.
해마다 생일날 자리에
고맙게도 위로의 마음 베푸시네.

夜卜燈花喜 朝披雁字忙 使君聲藹蔚 尊嫂體安康
出手松茶潔 霑脣桂露香 每年寅降席 嘉惠慰分張

출전: 『경수당전고』 부부집覆瓿集 권4

원제　황간현감의 아우 이유준李儒駿이 차와 술을 부쳐 보냈는데, 대개 늙은 형수가 손수 담근 술로 나의 생일날 아침에 맞춰 쓰게 하기 위한 것이다. 해마다 이와 같은데 구십 노인의 정력이 유난히 좋아 공경하고 귀하게 여겨 시 한 수를 지었다. 그리고 이때 친척 아우의 초상이 있었기 때문에 다시 후편을 만들었고, 함께 애석하게 여겨 슬픈 마음을 위로한다. 黃潤李使君賢弟(儒駿) 所寄茶酒 皆出老嫂手 爲趁余

生朝 每年如此 九十老人精力尤甚 欽貴因成一詩 時有宗林內弟之喪 故又爲後篇 共慰悼惜之懷

해설　전체 2수 중 첫째 수이다. 1840년에 지은 시이다. 신위가 외갓집 형수가 생일에 쓰라고 해마다 담가 보낸 술을 두고 읊은 시이다. 원래는 전편과 후편으로 된 연작시이지만, 여기서는 첫째 수만을 수록하였다. 그 내용을 보면 형수가 만들었다는 차는 솔차(松茶)임을 알 수 있다.

신위 申緯, 1769~1845

초의 선사에게 편지 대신 답한다
代書答草衣師(幷序)

지난 1830년 겨울에 대둔사의 초의 선사가 자하산紫霞山으로 나를 찾아와 그 스승 완호 삼여의 탑명에 나의 서문과 글씨를 구했는데, 서문은 이루어졌으나 글씨를 쓰지 못했다. 오래지 않아 나는 충청도 바닷가로 쫓겨나 귀양 가고 지은 글도 흩어져 없어졌다. 서문 원고 또한 잃어 매우 한스러웠다. 금년 1841년 봄에 초의 선사의 편지가 왔는데, 다행스럽게도 그 서문 부본副本이 바랑 속에 있다고 하였다. 12년이나 지난 오래된 것을 꺼내어 거듭 읽어보자니 오래된 무덤에서 난 희귀 고서를 얻은 것 같았다. 비로소 글씨를 써서 비석에 새겨 초의 선사의 바람을 끝낼 수 있게 되었다. 먼저 시 한 수로 이를 축하하고 또 향기로운 차를 가득 채운 편지에 사례한다.

往在庚寅冬 大芚僧草衣 訪余紫霞山中 以其師玩虎三如塔銘 乞余序幷書 序則成而書未成 旋余湖海竄逐 文字散亡 序稿亦失 甚恨之 今年辛丑春 草衣書來 幸有其副本之在鉢囊中 而搜出者 十二年之久 而重讀之 如得汲冢古書 始可以成書上石 庶畢草衣之願也 先以一詩賀之 且謝佳茗之充信也

산으로 바다로 귀양 가던 때
탑명을 지은 글들 경황 중에 대부분 없어졌지.
한번 잃고 어찌할 수 없었는데
스님께서 베껴둔 것 한 자도 안 틀리네.

일을 갈무리함은 결국 부처의 힘에 달린 것인데
공연히 10년을 마음고생 하였네.
다 쓴 뒤에 서재에서 한참을 바라보며
손수 만든 차와 함께 음미해보네.

海鎭山郵遷謫日　悕惶文稿在亡多
塔銘一失嗟無及　禪墨重翻字不訛

蔵事終資千佛力　勞心好作十年魔
書來宛對繙經室　風味分嘗自製茶

출전: 『경수당전고』 부부집 권5

해설　초의 선사의 스승 완호 대사의 사리탑기에 서문과 글씨를 쓰게 된 내력을 적은 시이다. 이 탑명은 해거재 홍현주가 썼다. 1841년의 작품이다.

신위 申緯, 1769~1845

신순이 이강주와 죽로차를 보내다
穀城倅申義世(淳)……

10년 동안 보지 못한 신순申淳으로부터
역리驛吏 통해 남쪽에서 편지가 왔네.
살쩍과 머리털 틀림없이 나처럼 흴 것인데
어떻게 문서로 심오한 이치를 말할런가!
이강주와 죽로차의 정취와 맛에 취하고
그림과 시문에선 오래된 인연 떠올리네.
만났다 헤어짐과 슬프고 기쁨은 인간 세상 일이니
무거운 이치 견디지 못하고 마음 아득하도다.

十年不見申義世 驛使南來信息傳
鬢髮知應如我白 簿書何以坐談玄
梨薑竹露醺情味 圖畫詩章喚夙緣
聚散悲歡人世事 不堪重理意茫然

출전: 『경수당전고』 부부집 권7

원제 곡성현감 희세 신순을 보지 못한 것이 또 10년인데 이강주와 죽로차를 보내고, 아울러 비단을 보내 내게 묵죽도와 제화시를 요구해 왔다. 1천 리에 체면을 차린 뜻이 매우 은근하기에 병든 몸으로 억지로 붓을 잡아 그리고 쓴 다음, 이 시로써 화답을 구한다. 穀城倅申羲世(淳) 不見且十年 送梨薑酒·竹露茶 兼送綾材 求余墨竹 又要自題詩 以爲千里替面 意甚殷勤 病中强筆 且畵且題 且以此詩求和

해설 1841년경에 지은 시이다.

신위 申緯, 1769~1845

5월 21일 새벽에 일어나다 五月二十一日曉起

새벽빛과 달빛 둘 다 희끄무레할 적에
외로운 책상에서 술이 깨니 기분이 상쾌하네.
아침에 물 긷느라 때로 대문 소리 울리고
편안하게 깃든 갈가마귀와 까치는 소리 없이 고요하네.
문장을 곰곰이 따짐은 천년의 일이요
강호에 이끌림은 만고의 마음이네.
술 갈증에 차를 부르나 동자는 일어나지 않고
뜰에 가득한 바람과 이슬이 나무 그늘에 비껴 있네.

晨光月色兩朧明 孤榻醒來一氣淸 早汲門扉時有響 穩棲鴉鵲寂無聲

細量文字千年事 牽動江湖萬古情 酒渴呼茶童不起 滿庭風露樹陰橫

출전: 『경수당전고』 부부집 권10

해설 신위는 초여름 밤에 술을 마시고 기분 좋게 잠이 들었다. 그리고 이른 새벽에 깨어나 물 길러 가는 소리를 듣는다. 갈증이 나서 차를 마시고 싶지만 동자는 자고 있고, 문을 열어보니 뜰에는 녹음이 가득하고 이슬이 바람에 하늘거린다. 1843년에 지은 시이다.

신위 申緯, 1769~1845

가을날 하루 종일 秋盡日

잎 진 단풍나무에
쓸쓸하게 소나기 우네.
가을이 다 갔나 놀랍지만
국화꽃 선명하니 어이하랴!
고요한 사립문 안에선
찻잎 빻는 사람조차 없네.
처마 앞의 한 방구리 술아!
네 덕에 그나마 산단다.

搖落丹楓樹 蕭騷白雨鳴 因驚九月盡 不奈菊花明

靜者柴門內 無人茶臼聲 檐前一樽酒 於汝活平生

출전: 필사본 『경수당집』警修堂集 분여록焚餘錄 권1

해설 전체 2수 중 첫째 수이다. 음력 9월 9일은 원래 국화주를 마시는 시절이다. 아마도 이때 국화꽃으로 술을 담가놓은 듯, 술단지가 처마 앞에 있다.

신위 申緯, 1769~1845

차를 달여 마시며 烹茶 聯句

신선 우물에서 깊고 맑은 물 길어 (신위)
이름난 차인 우다와 황다를 끓이네. (김매순)
밝은 창문 아래 향내는 주발마다 감돌고 (한용의)
두건 젖히고서 대나무와 소나무 보네. (오연상)

仙井汲深碧 (漢叟)

名茶烹藕黃 (德叟)

晴窓香碗碗 (伯羽)

岸幘看松篁 (士默)

출전: 필사본 『경수당집』 분여록 권2

해설   신위와 덕수德叟 김매순金邁淳, 백우伯羽 한용의韓用儀, 사묵士默 오연상 吳淵常이 함께 지은 연구聯句로, 1800년 전후에 지은 것으로 보인다.

신위 申緯, 1769~1845

감잎에 쓰다 書枾葉 二十首

시 지어진들 어디에 쓸꼬?
쓸모없기에 애착도 남다르지.
손님 왔기에 좋은 차를 채웠지만
도무지 한 자의 시도 없네.

詩成將底用 無用故憐奇
客至充煎茗 都無一字詩

출전: 필사본 『경수당집』 분여록 권2

해설 전체 20수 중 14번째 수이다. 감잎에 자유롭게 시를 쓰다가 갑자기 손님이 와서 좋은 차를 끓여놓고 훌륭한 시를 쓰려고 깊이 생각하였다. 그러나 시상은 사라져 한 글자도 내려가지 않는다.

이학규 李學逵, 1770~1835

겨울밤 차를 끓이다 寒夜煎茶

한 구기 연지에서 호계虎溪가 솟으매
눈 녹은 물에 조수부調水符* 띄웠네.
또한 강남 상저옹桑苧翁*을 배워서
바람 뒤에 산차를 시음해보네.

虎溪一勺出蓮池 調水符成漲雪澌
也學江南老桑苧 山茶風後試槍旗

출전: 『낙하생집』 洛下生集 3책

- **조수부調水符** 신표(符)의 일종. 송나라 소식이 옥녀동玉女洞의 물을 사랑하여 길어 오는데, 심부름꾼에게 속임을 당할까 염려하여 대를 쪼개어 신표로 하고 그중의 하나를 그곳의 중에게 간직하게 하여 왕래의 신표로 삼았다고 한다. 여기서는 그만큼 차를 달이는 물을 소중히 하였음을 의미한다.
- **상저옹桑苧翁** 육우가 초계苕溪에 숨어 살면서 스스로 상저옹이라 칭하고는 문을 닫고 책을 저술하였다.

해설 전체 4수 중 첫째 수이다. 1803년에 지은 시이다. 호계라는 작은 호수에서 배를 띄워, 호수의 중심으로 나가 눈 녹은 물을 길어 차를 끓이는 모습에서 작가의 강호 정취가 읽힌다. 산에서 딴 차를 육우처럼 시음하는 모습에서 작가가 차를 얼마나 사랑하는지도 알 수 있다.

이학규 李學逵, 1770~1835

신씨의 정원에서 차 모임을 가지며
申氏園同崔仁瞻……

두 번째 우물 옆 길이
자리 앞에 비껴 걸쳐 있네.
친구는 고야객姑射客*이요,
나무는 복사꽃이라.
큰 바위는 술을 깨기 좋고
산들바람은 차를 말리기 좋네.
허공의 구름이 나무에 걸리니
친구의 집은 얼마나 그리운지.

높은 누대에서 구경을 하다가
꽃나무 아래서 다시 웃노라.
들판에 물은 땅보다 많고
봄 이랑은 산에 걸쳤네.
샘물에 입 헹구며 돌구멍 굽어보고

• **고야객姑射客** 막고야藐姑射 산에 사는 신인神人을 말한다. 혹은 묘고야라고 발음하기도 한다. 얼음처럼 투명한 피부에 처녀처럼 생기발랄하며, 바람을 호흡하고 이슬을 마시며, 구름을 타고 용을 부리면서 사해四海 밖에 노닌다는 이야기가 『장자』莊子 「소요유」逍遙遊에 실려 있다.

대나무 씻으매 사립문이 빛나네.
이웃의 인정에 부끄러워
성에서 술을 사 왔노라.

第二泉邊路 筵前一帶斜 故人姑射客 春樹武陵花
巨石宜醒酒 微風好焙茶 半天雲木標 何意佳人家

高臺初騁目 芳樹復怡顔 野水多於地 春畦半在山
漱泉臨石竇 洗竹暎柴關 憨媿比鄰意 城中貰酒還

출전: 『낙하생집』 11책

원제 신씨의 정원에서 최인첨, 김열경, 윤이준, 김소정과 함께 차 우물과 복사꽃을 감상하다. 申氏園同崔仁瞻金悅卿尹而俊金素精賞茶井緋桃

해설 복사꽃이 만발한 봄날 친한 벗들과 만나 시 모임을 열고 즐기며 차 우물을 구경하는 모습이 몹시 아름답게 그려져 있는 시이다.

이학규 李學逵, 1770~1835

차 덖는 곳 茶焙院

시월이라 단풍이 아직 남았는데
초가집 곳곳에 아침 해 맑아라.
돌 같은 숯덩이는 모두 옆으로 죽죽 갈라지고
단풍 같은 등넝쿨은 더러 하늘하늘 늘어졌네.
곶감으로 만든 떡이 마르자 북쪽 상점에 내놓고
기름진 기장밥이 익어 동쪽 밭에 고사 지내네.
아직도 기억하노니, 지난날 개울 남쪽 집에서
온 뜰에 초생달빛 가득할 때 꿩울음 듣던 일을.

十月霜風不盡吹 茅茨處處淨初曦 石如煤黑皆橫裂 藤似楓紅或裊垂
長柹餠乾通北賈 高粱飯熟賽東菑 往年尙記谿南舍 新月滿庭聞子雉

출전: 『낙하생집』 18책

해설 단풍이 익어가는 시월, 돌처럼 옆으로 죽죽 금이 간 숯덩이는 차를 덖는 데 사용되는 것이다. 곶감떡이 굳고 기장밥이 익는 계절, 다배원茶焙院에서 마시는 차 한 잔은 초생달이 뜰 때 꿩울음 듣던 추억처럼 신선하다.

이학규 李學逵, 1770~1835

차 덖는 곳 茶焙院

광야는 끝이 없고 바람은 시원한데
저녁 해는 어느새 언덕을 넘는구나.
둥지 튼 백로는 솔숲 위에 섰고
시장판 사람은 나락 옆에서 자네.
마음은 기러기 같아 수국을 그리고
신세는 병든 나무라 가을을 겁내네.
골짜기에 배 띄우던 날 생각하노라니
그날처럼 부채에 그을음 얼룩지네.

曠地無邊風颯然 夕陽容易過高阡 林栖鷺立松杉表 墟市人眠穤穄邊
心似征鴻懷水國 身如病樹怯霜天 追思斗峽楊舲日 團扇生衣似去年

출전: 『낙하생집』 19책

해설 다배원은 차를 덖는 곳이지만 사람 냄새가 나는 곳이기도 하다. 솔숲 위에 선 백로의 모습과 나락 옆에서 잠든 시장판 사람이 선명한 대비를 이룬다.

서기수 徐淇修, 1771~1834

차 노래 詠茶

솔바람이 지나가니 새털구름 가벼운데
눈 내린 모옥에서 차를 마심은 그대 덕이지.
흰 비단에 삼백병三百餠* 찻잎을 싸 왔으니
우전차 맑은 향이 이미 기쁘네.

松風瀉過細蒸雲 雪屋呼茶賴有君
素絹斜封三百餠 淸香已喜雨前聞

출전: 『소재유고』篠齋遺藁 1책

해설   솔바람은 차 끓는 소리를 동시에 상징하는 중의적 표현이고 새털구름은 찻물 끓는 김을 동시에 상징하는 중의적 표현이다. 비 갠 봄날 우전차의 맑은 맛이 행간 밖으로 배어나오는 듯하다.

• **삼백병三百餠**   차의 다른 이름. 정구程俱의 시 「향화경의 '상다'에 화답하다」(和向和卿嘗茶)에 "누가 능히 삼백병으로 옥천의 졸음 씻어볼거나"(誰能三百餠一洗玉川睡)라 하였다.

서기수 徐淇修, 1771~1834

다음 날 다시 모여 翌朝復集……

평소 마음 맞는 벗을 따르며
점점 혼잡한 속세 싫어라.
골짝마다 임학林壑이 열리고
집집마다 시골 같아라.
가슴을 열고 단비를 반기고
책갑을 뽑아 바람에 맡겨두네.
긴 여름에 갈증이 하도 심해*
차 샘물 어디냐 묻고 싶구나.

自從素心友 漸覺厭塵喧
洞洞開林壑 家家似野村
披襟欣雨至 抽帙任風翻
長夏文園渴 茶泉欲問源

출전: 『소재유고』 1책

• **갈증이 하도 심해** 원문은 "文園渴", 즉 '문원이 목마르다'이다. 한나라 사마상여司馬相如가 효문원령孝文園令을 지냈고 소갈병消渴病을 앓았다는 고사를 인용해 여름날의 갈증을 표현한 것이다.

원제   다음 날 다시 모여 용연향을 태우고, 우전차를 달이고, 석자연을 열고서 계모필을 써서 일본에서 건너온 색지를 꺼내어 원명元明 근체시의 운을 따서 짓다. (손 가는 대로 쓰노라니 빗방울 소리가 토독토독 그치지 않았다.) 翌朝復集 爇龍涎香 烹雨前茶 開石子硯 用雞毛筆 抽日本㕽色紙 拈元明近體韻（隨作書之 雨聲恁琅不止）

해설   시회에 풍류와 멋이 넘친다. 향은 용연향이요, 차는 우전차요, 벼루는 석자연이요, 붓은 계모필이다. 거기에 일본에서 가져온 색지를 가지고 원명 시대 대문호들의 시에 차운한다. 마침 빗방울 소리도 정겹게 들려오는데, 이런 때 마시는 차야 말로 제맛이 아니겠는가.

박윤묵 朴允默, 1771~1849

엄산 현재덕 옹이 때때로 나에게 차를 보내오기에 시를 지어 사례하다 弇山玄翁在德 於內局直中……

불을 피워 끓이매 게눈이 생기니
솔바람 부는 곳에 흰 파도 경쾌하네.
죽순 함께 먹으러 장손 댁에 모였나니[1]
자순차 좋다 녹차 좋다 품평을 하네.
온몸의 구멍 영통하여 잠은 달아나고
천 가지 근심 사라져 기운은 평안하네.
강심의 물맛은 달기가 어떠한가•
오늘 아침 한 사발 정이 몹시 고마워라.

活火煎來蟹眼生 松風趁處素濤輕 筍芽共啜長孫會 紫綠相推陸羽評
萬竅靈通眠欲少 千愁劈破氣應平 江心水味甘如許 多謝今朝一椀情

• **강심의 물맛은 달기가 어떠한가** 강심은 강의 한가운데를 말하는데, 이곳의 물이 차를 달이기에 가장 좋다고 한다.

¹ 전진이 장손 댁에서 차 모임을 열었다(錢趁於長孫宅爲茶會).

출전: 『존재집』存齋集 권2

원제   엄산 현재덕 옹이 내국에서 숙직을 서던 중 몸소 차를 끓이기를 날마다 하였다. 때때로 나에게 차를 보내오기에 시를 지어 사례한다. 弇山玄翁在德 於內局直中 躬自煎茶 日以爲常 有時饋我 作此詩以謝之 且要和

해설   벗들과 모여 차를 끓이니 소리는 솔바람 소리 같고 거품은 게눈 같다. 한 잔 마시니 온몸의 모든 신경이 잠에서 깨는 듯하고 천만 가지 근심이 가슴에서 씻기는 듯하다. 이것이 곧 차 맛의 지극한 경계이다.

박윤묵 朴允默, 1771~1849

차를 마시며 친구를 그리워하다
汲泉煮茗 味甚淸洌······

샘물을 길어 오매 이다지도 맑으니
언제나 찻물 끓을 때 솔바람 소리 좋아라.
혜산천의 샘물은 아주 탁월하니
양자강이 기꺼이 일등을 양보하지.
삼초三焦˚를 맑게 하여 체증을 사라지게 하고
두 눈을 씻어내어 신정神精을 발하게 하네.
옥 찻잔에 아무리 옥빛 차가 가득해도
벗들에게 나누어줄 수 없어 한스럽네.

汲取潭泉似許淸　松風每愛沸茶聲
惠山較作尋常品　楊子甘辭第一評
澈得三焦消痞滯　洗來兩眼發神精
玉壺縱有瓊華滿　恨不分嘗舊友生

출전: 『존재집』 권14

- **삼초**三焦　속에 불이 이는 증상을 말한다. 심장 부위가 뜨거운 것을 상초, 위 부위가 뜨거운 것을 중초, 배꼽 부위가 뜨거운 것을 하초라고 하여, 이것을 합쳐 삼초라고 한다.

원제 물을 길어 차를 끓이니 맛이 무척 맑고 차다. 이웃한 벗들에게 나누어 맛을 보여줄 수 없는 게 안타까워 드디어 시로 표현한다. 汲泉煮茗 味甚淸洌 恨不與鄰友分嘗 遂見之於詩

해설 벗들에게 맛있는 차를 나누어줄 수 없어 안타깝다는 따뜻한 시인의 마음이 표현된 시이다. 샘물이 맑아 이 샘물로 차를 끓이니, 가슴의 불도 끄고 체증도 가라앉히고 눈도 맑게 한다. 게다가 옥빛처럼 맑은 찻물은 더욱 사랑스럽다.

박윤묵 朴允默, 1771~1849

앓고 난 뒤에 차로 입을 적시며 짓다 病後點茶有作

묵은 병이 조금 차도가 있어 좋으니
신년엔 이로부터 찡그린 눈썹 펴리라.
삼천세계는 바람과 달을 겸했고
열두 인연은 시와 술을 함께했네.
오가는 손님들 모두 다정해
내 노래 부르는 게 짐짓 느긋하지.
건주의 좋은 차에 선암의 찻물
오늘 아침은 두 가지 모두 훌륭하네.[1]

自愛舊痾稍愈時 新年從此展愁眉 三千世界風兼月 十二因緣酒與詩

有客往來皆繾綣 發吾歌嘯故徐遲 建州佳品仙巖水 俱作今朝兩段奇

[1] 악암천의 물을 길어다 차를 끓였다(汲取惡岩泉煎茶).

출전: 『존재집』 권20

해설   앓고 난 뒤 갈라진 입에 적셔지는 찻물의 시원함이란 무엇에 비길 수 없다. 더구나 그 차가 건주에서 나는 좋은 차에 선암의 찻물이니 얼마나 좋을 것인가. 차로 인해 병이 씻은 듯 낫는 기분이다.

박윤묵 朴允默, 1771~1849

칠송정 차 모임을 부러워하며
七松亭諸賢 煎茶圍棋……

돌 기슭 은은한 산 빛 속에
옥구슬 짤랑이는 솔그늘 옆.
백학관의 시도 예나 지금이나 같고
냉천정의 물맛도 늘 변함이 없네.
천고의 옛 골짝에 바둑을 두고
삼하의 문원에선 차를 끓이네.
그림 찻잔 무늬진 바둑판에서 유유자적하니
누가 알랴, 지상의 늙은 신선인 줄을.

石磯隱暎山光裏 玉子丁東松影邊 白鶴觀詩今似昔 冷泉亭味後符前
千秋古洞爛柯日 三夏幽壇煎茗年 畫椀紋枰聞自得 誰知地上老神仙

출전: 『존재집』 권22

원제 칠송정 제현들이 차를 끓이고 바둑을 두면서 여름을 보내고 있다기에, 내가 그 소식을 듣고 부러워 이 시를 짓는다. 七松亭諸賢 煎茶圍棋以消夏云 聞甚艶之 作此詩

해설 예나 지금이나 선비들은 강호를 그리워한다. 강호 속에서 그들이 즐기는 취미는 바둑과 차이다. 독서하는 사대부들이 여가에 시를 지으며 차를 마시는 풍류가 오롯이 드러나 있는 시이다.

박윤묵 朴允默, 1771~1849

칠월 구일 크게 더워, 차를 마신 후 짓다
七月初九日大熱 茶後有作

입추 지난 지도 하마 열흘인데
늦더위 이렇게도 혹심하다니,
뜨거운 불기운 푹푹 쪄대고
맑은 바람은 한 점도 불지 않네.
파리떼는 빗발처럼 어지럽게 날고
모기떼는 천둥처럼 시끄럽게 우네.
한낮에 목이 하도 타기에
새 찻물 몇 잔을 들이켰지.

入秋已旬日 熱劇此何哉 蒸火熏相合 淸風靜不來
蠅繁飛似雨 蚊鬧響如雷 當午生喉渴 新茶數擧杯

출전: 『존재집』 권22

해설　더위가 숙고 가을바람이 불어오기를 간절히 기다리는 마당에 입추가 지난 뒤 늦더위가 더욱 기승을 부리니 몹시 곤혹스럽다. 이런 날 목이 탈 때의 한 잔 차는 참으로 시원하다. 이때의 차는 다기 속에서 시원하게 식었어도 좋겠다.

혜장 惠藏, 1772~1811

산속에 사는 즐거움 山居雜興 二十首

발 밖으로 보이는 산빛은 고요한 속에 곱고
푸른 나무 붉은 노을, 눈에 가득 아름답다.
어린 중에게 부탁하여 차를 달이라 했지만
머리맡엔 원래 지장수 나오는 샘이 있어라.

一簾山色靜中鮮 碧樹丹霞滿目姸
叮囑沙彌須煮茗 枕頭原有地漿泉

출전: 『아암유집』 兒菴遺集 권1

해설 전체 20수 중 둘째 수이다. 이 시의 정경으로 보아 대체로 1806년이나 1807년경에 쓴 듯하다. 혜장 스님은 강진에 귀양 살던 다산 정약용과 1805년에 처음 만났는데, 정약용과 만나서 『주역』에 대해 토론하고 나서부터는 불경에 대한 공부보다는 유교 경전에 대한 공부를 많이 해서 같이 지내던 스님들이 '선생'이라 일컬었다. 그리고 이때 정약용이 혜장에게 절간에 사는 여러 가지 흥취를 시로 읊어보라고 하고서 정약용도 혜장을 대신해 같은 제목으로 시를 지었다. 이때 정약용이 지은 시는 앞에서 나왔다.

혜장 惠藏, 1772~1811

장춘동•에서 長春洞雜詩 十二首

3

보탑의 큰 비석은 글씨가 몇 줄로 둘러 있고
선종의 1조 달마와 나머지 다섯 조사 모두 향기롭네.
향대에선 언제나 전단 향기 피어오르고
절간에는 자주 사리방광舍利放光 떠 있구나.
물길 멀고 산줄기 길어 혼이 오가고
하늘 거칠고 땅은 늙어 꿈이 날아오르네.
이 몸은 이런 날 더욱 쓸쓸하니
좋은 절기에 누구와 능히 차를 마실꼬.

寶塔豐碑匝數行 一花五葉摠芬芳 香臺每湧栴檀氣 紺殿頻浮舍利光
水遠山長魂往復 天荒地老夢飛揚 高僧此日還蕭索 佳節誰能薦茗觴

• **장춘동長春洞** 전라남도 해남군 화원면 장춘리 대둔사 입구의 마을인데, 여기서는 대둔사가 있는 골인 두륜산 골짜기를 일컫는다. 이 골짝은 차밭으로 뒤덮여 겨우내 푸른 잎이 있기에 장춘동이라 불렸다.

10

금당의 작은 시내 스스로 감아 도니
꽃다운 풀과 수양버들 한 골짝에 열려 있네.
봄은 구름 낀 산에 들어 오래도록 나가지 않고
물은 사람 세상으로 흘러 머무르고 돌아옴이 없노라.
다닐 때는 벼루통을 휴대하여 때로 붓을 적시고
앉으면 차 끓이는 화로의 재에다 그려본다.
금호琴湖와 더불어 언덕 위에 놀던 생각을 하니
몇 해런가 선원禪院에 복사꽃 구경 왔을 때가.

金塘小澗自濚洄 芳草垂楊一洞開 春入雲山長不出 水流人世定無回
行持研匣時濡筆 坐擁茶鑪試畵灰 憶與琴湖游岸上 幾年玄觀賞桃來

출전: 『아암유집』 권1

해설 전체 12수 중 3수와 10수의 시이다. 앞의 시 「산속에 사는 즐거움」과 함께 아암 혜장의 대표적인 장편시이다. 정약용도 「아암장공탑명」을 쓰면서 이 시의 구절을 인용하여 명銘을 짓고, 또 『아언각비』雅言覺非에서는 산다山茶에 대해 고찰하면서 이 시권詩卷에 '산다'라는 두 글자의 용례가 없다고 안타까워했다. 다산은 이 산다를 '장춘동'이라고도 일컫는다 했다. 앞의 시가 강진 만덕산 백련사의 풍경을 읊었다면 이 시는 두륜산 대둔사가 있는 골짜기의 풍경을 읊었는데, 이 시편들은 중국에까지 전해져 옹방강이 손수 석판에 올려 인쇄하기도 했다.

혜장 惠藏, 1772~1811

동천*에 계신 선생의 곤괘 육효 운에 화운하다
奉和東泉坤卦六爻韻

험난한 인간 세상
걸음마다 차디찬 서리 밟는 듯.
집을 지어 삼경*을 만들어두고
몸을 편안하게 한쪽에 붙여둔다.
푸른 창가에서 옛 사적을 살피고
그윽한 마을에서 새로 지은 시 읊는다.
불경은 일찍이 책 상자에 가득하니
차나무 싹을 다시 주머니에 담는다.
안개와 놀은 지팡이와 짚신을 따르고
바람과 달은 옷자락에 가득하여라.
이것이 곧 몸을 위한 계책인데
어찌 굳이 비단옷을 부러워하랴.

嶮巇人世上 步步凜如霜

置屋成三逕 安身著一方

- **동천東泉**   강진의 지명으로, 1802년 무렵 정약용이 유배되어 머물던 주막이 있던 곳이다.
- **삼경三逕**   귀은자歸隱者의 정원.

碧窓看古蹟 幽巷詠新章

貝葉曾盈篋 茶芽更貯囊

煙霞隨杖屨 風月滿衣裳

卽此爲身計 何須羨綺黃

출전: 『아암유집』 권1

해설 험난한 속세는 서릿발처럼 싸늘하다. 그래서 세상을 떠나 불자로서 부처님에게 귀의하여 은둔하며 사는 삶을 노래했다. 외진 곳에서 차와 시를 즐기며 한가롭게 사는 삶이 잘 표현되어 있다.

혜장 惠藏, 1772~1811

중봉의 「낙은사」에 화답한다 和中峰樂隱詞 十六首

3

잿마루에 올라 차를 따고
물을 끌어다 꽃에 붓는데,
문득 머리 돌리니
산중의 해는 이미 기울었다.
그윽한 암자에서 경쇠 소리 나고
고목나무에 갈가마귀 깃들어 있다.
이처럼 한가하고
이처럼 즐겁고
이처럼 좋아라.

登嶺採茶 引水灌花 忽回首 山日已斜
幽菴出磬 古樹有鴉 喜如此閒 如此樂 如此嘉

13

두륜산에서 한가히 휘파람 불며
번거롭고 속된 세상 내려다보니,

세 봉우리 빼어나고
아홉 굽이 맑은 물은 찰랑찰랑.
유차와 자죽은
사계절 언제나 봄이로구나.
녹문산
구지혈
무릉진과 흡사하다.

閒嘯頭輪 傲視紅塵 三峯秀 九曲粼粼

油茶慈竹 四序長春 似鹿門山 仇池穴 武陵津

출전: 『아암유집』 권1

해설 　전체 16수 중 3수와 13수의 시이다. 이 사곡詞曲은 원래 26수였는데 10수는 없어졌다고 한다. 대체로 1805년 혜장이 정약용과 처음 만나 교유하면서 지은 사곡인 듯하다. 정약용도 1806년 「보살만」菩薩蠻 등 여러 편의 사곡을 지었다. 아암 혜장이 1811년에 입적했으니 1806년부터 1811년까지 6년 사이에 이 사곡을 지었을 듯하다.

혜장 惠藏, 1772~1811

탁옹이 시를 주며 좋은 차를 구하다
籜翁貽余詩 求得佳茗……

첩첩 꼭대기에 올라 앉아
푸른 하늘의 찻잎을 따노라.
차 따는 사람에게 들으니
대밭에서 딴 게 제일이라지.
세상에 없는 차 맛이니
식혀서 마시지 마오.
석화차인들 갖다 대랴.
명월차도 택도 없네.
질병도 금방 낫는데
졸음 따위 걱정하랴.
맑은 밤 은병에 물을 길어
긴긴 낮 돌솥에 끓이네.
고해 속에 항해할 일 없으니
어찌 빠져 건질 일 있으랴.
색 상인이 나누어주시니
맑디맑음 도울 만하지.

登頓層峰頂 薄採天中茗 聞諸採茶人 最貴竹裏挺
此味世所稀 飮時休敎冷 花何足比 明月亦難竝

去疾在須臾 豈愁眠不醒 淸宵汲銀缾 長日霽石鼎

我無苦海航 沈淪詎可拯 饋也有分施 亦足助淸澄

출전: 『연파잉고』蓮坡剩稿

원제   탁옹이 시를 주며 좋은 차를 구하다. 마침 색 상인이 먼저 차를 드리기에 단지 시에만 화운하고 차는 드리지 않았다. 籜翁貽余詩 求得佳茗 適賾上人先獻之 只和其詩 不副以茗

해설   탁옹 즉 정약용에게 색성이 이미 차를 보내드렸기 때문에 시에만 화운하여 하고 싶은 말을 하였다. 차는 대숲에서 자란 차가 제일이다. 그러나 그런 차도 너무 식으면 맛이 떫다. 이런 차를 돌솥에 물을 끓여 마시면 번뇌를 씻는 데 가장 도움이 된다고 말하고 있다. 참고로 이 시의 출전인 『연파잉고』는 원래 김려의 『담정총서』潭庭叢書에 수록된 것으로, 혜장의 『아암유집』에 없는 시가 다수 실려 있다.

정학연 丁學淵, 1783~1859

차를 달이다 煎茶

해장술 숙취 덜깨 졸음이 오는데
석탄불 조금 피니 게눈 거품 기이하다.
물맛은 혜산의 시냇물을 부끄럽게 할 만하고
옹이 잔은 월주요越州窯 자기잔에 뒤지지 않도다.
사마상여의 갈증 풀기엔 너끈하지만
동방삭의 허기*를 채우기는 어렵도다.
나물 먹는 마른 창자에 차가 무슨 소용인가마는
한가로운 가운데 오롯이 담박한 생애 만드네.

卯醒仍帶午眠遲 石炭微烘蟹眼奇 水味堪羞惠山澗 木癭不讓越州瓷
贏澆司馬相如渴 難救東方曼倩飢 喫菜枯腸何用飮 閒中聊作澹生涯

출전: 『삼창관집』三倉館集

• **동방삭의 허기** 한나라 무제 시기 사람인 동방삭은 식탐이 있어 황제 앞에서 식사를 하고 남은 음식을 모두 싸 가지고 갔으며 언제나 배가 고프다고 말했다.

해설　유산酉山 정학연丁學淵은 1805년 겨울에 강진 보은산방에서 귀양 살고 있는 아버지 정약용을 뵈러 가서 함께 연말과 연초를 보내고 이듬해 돌아왔다. 이 시는 근친 가기 전에 지은 시인 듯하다.

정학연 丁學淵, 1783~1859

찻물 끓이는 주전자 茶罐

북경 시장에서 구하여
우저당에 드렸네.
그을음은 자주 얼굴에 묻고
돌샘은 창자 채우기 좋구나.
시권詩卷을 마주해 남은 먹물 적시고
화로에 기대 그윽한 향기 내뿜는다.
나를 위해 입술 시원히 맑히고
마침내 뜨겁게 끓게 됨도 회피하지 않네.

去覓燕京市 來供牛渚堂 松煤頻上面 石髓好充腸

臨卷沾餘滴 依爐放暗香 爲余淸口吻 終不避流湯

출전: 『삼창관집』

해설 1808년은 정약용이 다산초당으로 거처를 옮겨 저술을 본격적으로 하며 초당의 자연 속에서 비교적 안정된 귀양살이를 할 때이다. 이와 같이 정약용의 생활이 안정되자 아들도 마음의 여유를 조금 찾아 차를 마시는 즐거움을 누리게 되었다. 우저당牛渚堂은 우천牛川(소내), 이른바 소내(苕川)의 물가라는 뜻으로 여유당을 가리키는 듯하다.

정학연 丁學淵, 1783~1859

정학연이 초의 선사에게 보낸 다시 酉山 茶詩(附原韻)

농꾼 차림으로 노 저어 능내의 안개 헤치고
강가 누각에 모여 논 지 열두 해.
절에 노닐며 지은 시는 진도珍島에서 막혔겠고
보내준 차에 감사하는 편지 해남 대둔사로 전했네.[1]
청산에 누운 분은 금부처이고
제주에서 살아 돌아온 분은 옥국의 신선이네.[2]
지둔支遁*의 말을 다시 타는 것은 괜찮지만
북쪽 사람들 다투어 팔 꺾인 스님을 보겠구나.[3]

畦衣一棹廣陵烟　雅集江樓十二年

遊寺詩應珍隝滯　謝茶書向塞琴傳

靑山老臥金身佛　碧海生還玉局仙

不妨再騎支遁馬　北人爭看折肱禪

[1] 절에서 놀 때 지은 시는 허소치 편에 보냈는데 떠나간 뒤 소식이 막혀 들리지 않는다(遊縣寺詩 因許小癡寄 去後聞沈滯).
[2] 초의 스님은 서울 나들이를 하지 않았고, 추사는 귀양에서 풀려 돌아왔다(師不遊京 秋史宥還).
[3] 스님이 제주에서 말을 타다가 팔을 다쳤는데, 다시 다치는 것도 나쁠 것 없다 함은

---

* **지둔支遁**　진晉나라의 고승으로, 말을 매우 사랑했다.

산에서 나와 말을 타고 서울 나들이를 하다가 다시 다친들 무엇이 애석하랴 하는 결의를 보인 것이다(師於耽羅騎馬傷臂 旣傷不妨再傷 欲其決意 出山騎馬遊京 再傷何足惜耶).

출전: 『초의시고』艸衣詩稿

해설   이 시는 『초의시고』에 덧붙여 수록된 것으로, 1848년경의 작품이다. 이 시에 있는 주註로, 소치 허련許鍊, 추사 김정희, 운포 정학유와 초의 선사 등이 다산의 여유당과 운길산 수종사 등에 모여 시를 읊고 차를 마시며 교유하던 모습을 엿볼 수 있다. 또 초의 선사가 제주로 귀양 간 김정희를 만나러 갔고, 거기서 말을 타다 떨어져 팔을 다친 사실도 알 수 있다.

정학연 丁學淵, 1783~1859

호옥에서 차를 달이다 湖屋煎茶

향을 사르며 느긋이 차를 달이노라니
정겨운 이야기는 연실을 새로 뽑아낸 듯하네.
밝은 달 아래서 사람을 그리워함은 양쪽이 마찬가지고
가을의 음기陰氣는 나만 유난히 싫을 때 많아라.
한결같은 자태로 오동나무가 서 있고
아침저녁 변함없이 벽려가 드리우고 있네.
송옥宋玉*은 무엇 때문에 초사를 지었나,
강향江鄕*의 풍물에는 본래 슬픔이 없네.

3년 동안 대문 앞엔 손님이 없고
귀밑머리는 매미처럼 털이 없네.
운치는 강을 건넌 왕자경王子敬*이요
풍류는 역驛을 설치한 정당시鄭當時*라네.
외로운 촌村의 콩잎에선 푸른 연기가 나오고

• **송옥宋玉**   전국시대 초나라의 시인으로 「구변」九辯이라는 슬픈 시를 지었다.
• **강향江鄕**   강과 하천이 많은 중국의 강남 땅을 이르는 말인데, 여기서는 강호를 뜻한다.
• **왕자경王子敬**   진晉나라 왕헌지王獻之이다. 눈 오는 밤에 흥이 일어 벗을 찾아 배를 타고 강을 건넜다.
• **정당시鄭當時**   한나라 무제 때 정승을 지낸 사람으로, 손님을 좋아하여 수도 사방의 교외에 역마를 두어 손님을 영접하였다.

긴 물가의 갈대꽃엔 흰 비가 드리우네.
취한 뒤에 난간에 기대니 쓸쓸함이 더욱 크고
서리에 가을 슬픔 느낄 줄 누가 알리오.

선생은 낮잠에서 늦게 깬 사람답지 않게
붓을 놀려 시를 읊조려서 비단같은 글귀 토하네.
대력과 개원은 서로 막상막하이나
북송과 남송은 해와 년을 달리하네.*
사람은 옥국玉局*의 아침 구름처럼 아름답고
집은 여산廬山*의 폭포처럼 드리워져 있네.
왕씨 사씨 집안에는 훌륭한 자식이 많으니
푸른 적삼의 생원님은 깊이 근심 마시기를.

燒香一炷煎茶遲 情話抽新似藕絲 明月懷人均兩地 秋陰忤意獨多時
已經凉熱梧同立 不揀昏朝薜荔垂 宋玉不知何事賦 江鄕風物本無悲

三年門巷馬蹄遲 從鬢如蟬未有絲 氣味渡江王子敬 風流置驛鄭當時
孤村豆葉靑烟出 長渚蘆花白雨垂 醉後憑欄倍蕭索 誰知霜落解秋悲

- **대력과 개원은~달리하네** 대력大曆(766~779)과 개원開元(713~741)은 각각 당나라의 대종과 현종의 연호로 두 시기의 기세가 비슷하다는 뜻이다. 그러나 북송과 남송은 다른 시기에 따라 기세도 달라, 북송에 비해 남송의 시 풍격이 떨어진다는 의미이다.
- **옥국玉局** 중국 송나라 때 사관祀官의 이름.
- **여산廬山** 중국 강서성江西省에 있는 산 이름.

先生不覺午睡遲 走筆吟詩吐色絲 大曆開元相伯仲 北施南宋異年時

人如玉局朝雲美 家似廬山瀑布垂 王謝堂前多玉樹 靑衫司馬莫深愁

출전: 『순리어필집』蓴里魚佂集

해설 　정학연은 정약용의 유배기에 황상黃裳, 아암, 초의 등과 사귀었으며, 부친의 해배 후에는 한강 양수리 인근의 노·소론 명가들과 교유하였다. 정약용을 이어 아들인 정학연 역시 차를 애호하였음을 보여주는 시이다.

초의 草衣, 1786~1866

동쪽 별장에서 이별하며
東莊奉別東老金承旨在元……

꿈틀꿈틀 먹빛은 맑고
하늘하늘 차 연기 푸르구나.
바라보면 절로 화기애애하니
미인들이 방에 가득하네.

掩冉墨暈淸 繞繚茶烟碧
瞻眺自藹然 鉛華籠淨壁

출전: 『초의시고』艸衣詩稿 권1

원제 동쪽 별장에서 승지 동로 김재원·담재 김경연·황산 김유근 및 추사 김정희와 이별하다. 東莊奉別東老金承旨在元 覃齋金承旨敬淵 黃山金承旨逌根 秋史金侍教正喜(丁丑八月)

해설 전체 21수 중 10번째 수이다. 초의 선사는 1815년 처음으로 상경해서 정약용의 큰아들 정학연의 소개로 서울의 명사들과 교분을 맺기 시작하고, 1817년에 재차 상경하여 김재원金在元·김경연金敬淵·김유근·김정희 등과도 교분을 맺었다. 이 시는 그것을 증명하는 자료이다.

초의 草衣, 1786~1866

산수화 8첩에 쓴다 題山水圖八帖

모전毛氈 의자는 서안과 함께 정갈하고
호리병은 화로 옆에서 향기롭네.
옛 돌은 푸른 윤기 머금고
새싹은 연둣빛 잎을 펴네.
꼬불꼬불 차 연기 푸르고
뭉게뭉게 구름 기운 서늘도 하다.
생각해보니 은자의 뜻은
맑은 얼음과 서리처럼 희고 깨끗하구나.

氈榻承案淨 膽甁傍爐香 古石含蒼潤 新苗舒嫩黃
裊裊茶烟碧 冉冉雲氣凉 側想幽人意 皎皎潔氷霜

출전: 『초의시고』 권1

해설   전체 8수 중 넷째 수이다. 초의 선사가 1822년 대둔사에 살면서 지은 시이다. 선사는 이때 다산 18제자의 한 사람인 윤종영尹鍾英과 시를 주고받기도 했다.

초의 草衣, 1786~1866

도촌 김인항이 보낸 시에 차운하여 보내다
金道村仁恒 寄一律次韻却寄

도촌이 마음 편히 수양한 곳은
마음이 원대해지고 해도 더디 가네.
길은 난초 그윽한 섬돌에 가깝고
문은 굽이진 연못 기슭을 내려보네.
약을 만들어 나의 병을 없애고
차를 마시며 졸음을 줄인다네.
지난날 연하의 경치 즐기자던 약속은
맑은 가을에 가는 것이 좋겠지.

道村恬養處 心遠日遲遲 徑逼幽蘭砌 門臨曲沼碕
鍊藥消閒疾 品茶減睡癡 宿昔烟霞約 淸秋始赴宜

출전: 『초의시고』 권1

해설 재야 학자로 유명한 김인항金仁恒이 보내온 시에 차운하여 답한 시로, 1822년의 작품이다.

초의 草衣, 1786~1866

수종사에서 석옥 화상 시에 차운하다
水鐘寺次石屋和尙韻

꿈을 깨니 누군가 앙산차를 바쳐
나른하게 낡은 경전 쥐고 눈곱 씻었네.
지음知音이 산 아래 사는 덕에
인연 따라 흰 구름 집으로 와 머무네.

夢回誰進仰山茶 懶把殘經洗眼花
賴有知音山下在 隨緣來住白雲家

출전: 『초의시고』 권2

해설　전체 12수 중 둘째 수이다. 수종사는 정약용의 고향집인 여유당이 있는 곳에서 가까운 운길산의 고찰이다. 이 시는 초의 선사가 1830년 수종사에 머물면서 지은 시인데, 이때는 정약용도 여유당에 한거하고 있었다. 초의 선사는 수종사에 머물면서 정약용을 중심으로 1830년 겨울에 해거재 홍현주와도 만났고, 이듬해 1월 중순엔 청량산방淸凉山房에 모여 같이 시를 짓기도 했다.

초의 草衣, 1786~1866

정학연에게 화답하여 바치다 奉和酉山

싱싱한 난초와 혜초 세상에서 분간하기 어렵지만
향나무를 옮겨다 심으면 다른 사물도 향기로워지네.
봉새의 무늬와 난새의 문채로 속된 견해를 일깨우고
종소리와 경쇠 울림으로 범속한 견문을 씻어냈네.
차 끓이는 연기가 간밤의 이슬에 젖고
창가의 햇살은 아침에 오색 구름 머금었네.
인간의 삼락三樂*을 모두 누리고 있으니
무엇하러 다시금 명리에 분주하리.

蕪蕪蘭蕙世難分 移植栴檀物也薰 鳳彩鸞章驚俗見 金聲玉振洗凡聞
茶烟夜浥三淸露 窓日朝含五色雲 三樂人間兼享了 何曾更使利名奔

출전: 『초의시고』 권2

* **삼락三樂** 맹자가 말한 세 가지 즐거움. 부모가 다 계시고 형제가 무고한 것, 하늘을 우러러보아도 부끄러움이 없고 굽어 사람을 대하여도 부끄러움이 없는 것, 천하의 영재를 얻어 교육시키는 것이다.

해설 전체 12수 중 셋째 수이다. 순조 30년(1830), 정약용의 큰아들인 유산 정학연에게 화답하여 바친 시이다. 이때 초의 선사는 수종사와 청량산방에서 지내며 두릉시사杜陵詩社에 참여하고 채화정茶花亭에서 노닐었다. 이때의 정경이『초의시고』,『채화정아집』茶花亭雅集 등에 나온다.

초의 草衣, 1786~1866

석천으로 차를 끓이다 石泉煎茶

하늘빛은 물과 같고 물은 안개 같은데
이곳에 와서 노닌 지 이미 반년이네.
좋은 밤 몇 번이나 밝은 달과 함께 누웠던가
맑은 강 이제 대하노라니 갈매기 잠들었네.
시기와 질투는 본래 마음에 담지 않았으니
칭찬하고 헐뜯는 말이 어찌 귓가에 이르랴.
소매 속에는 아직 경뢰소차驚雷笑茶* 남아 있으니
구름 따라 다시 한 번 두릉 샘물로 달여볼까.

天光如水水如烟 此地來遊已半年 良夜幾同明月臥 淸江今對白鷗眠
嫌猜元不留心內 毁譽何曾到耳邊 袖裏尙餘驚雷笑 倚雲更試杜陵泉

출전: 『초의시고』 권2

해설 1831년 초의 선사가 상경하여 머물면서 정약용의 여유당에 오가며 지낼 때의 시이다. 이해는 정약용이 고희를 맞은 해이기도 하다.

* **경뢰소차驚雷笑茶** 중국 당나라 때 각림사의 지중 스님이 만들었다는 차. 「동다송」 원주 12 참조.

초의 草衣, 1786~1866

열수*에 배를 띄우다 洌水泛舟

기운 해는 서로 지고 비는 동으로 뿌리는데
시 주머니와 찻잔을 조그만 배에 함께 실었네.
구름 걷혀 하늘에 달빛이 가득하고
밤 고요해 수면에 바람이 서늘해지네.
천 리 길 고향 돌아가고픈 건 무슨 까닭일까.
한 몸에 남은 찌꺼기 끝내 비우기 어려워라.
뉘 알랴, 첩첩 산중의 나그네가
금빛 물결 만경창파 속에 와서 자는 것을.

斜日西馳雨散東 詩囊茶椀小舟同 雲開正滿天心月 夜靜微涼水面風

千里思歸何所有 一身餘累竟難空 誰知重疊青山客 來宿金波萬頃中

출전: 『초의시고』 권2

해설   1831년경에 지은 시이다.

• **열수洌水**   일반적으로 열수는 한강을 일컫는데, 여기서는 현재의 팔당댐 아래위의 여유당이 있는 강의 지명으로 쓰고 있는 듯하다.

초의 草衣, 1786~1866

여름날 서원에서 여러 분과 모여서
夏日西園與諸公雅集

산골짜기 구름 뭉게뭉게 시원한 그늘 토하는데
승지를 골라 옮겨 오니 경계가 차츰 깊어지네.
시냇물 졸졸 흘러 바위에 차갑고
차 연기 하늘하늘 숲속에 가늘어라.
정신 맑으니 솔바람 속에 있음을 한껏 깨닫겠고
마음이 원대하여 속된 기운이라곤 전혀 없네.
천 리 밖에서 뉘 알랴, 이 시회에 참여하여
거친 시가 고상한 노래에 화답하기 부끄러운 줄.

谷雲冉冉吐凉陰 選勝移來境轉深 澗水琮琤寒射石 茶煙繚繞細穿林
神淸膩覺松風在 心遠都無俗韻侵 千里誰知參雅會 野聲終愧和高吟

출전: 『초의시고』 권2

해설　초의 선사가 1831년 상경해서 지낼 때의 작품이다. 서원西園은 어디인지 미상이다.

초의 草衣, 1786~1866

금호에서 산천도인과 작별하며 琴湖留別山泉道人

가을철의 좋은 만남에 더없이 기뻐[1]
한가롭게 봉단차를 갈고 계설향 피웠네.
인생길 모이고 흩어짐이 한결같지 못함에 괴로운데
쓸쓸한 바람 앞에 다시금 멀리 작별하누나.[2]
덕德에 취하고 의로움에 배부를 날 또 언제일까
이 몸은 도리어 그리움에 허기지겠지.

三秋高會窮憐歡 閑碾鳳團燒鷄舌
人生聚散苦難常 凄勵風前復遠別
醉德飽義更何時 此身還復如飢饕

[1] 1834년 가을에 거듭 금석정에 모였다(甲午秋重會琴石亭).
[2] 작별 인사하고 남쪽으로 돌아왔다(又留別南歸).

출전: 『초의시고』 권3

해설　초의 선사가 1834년 산천山泉 김명희金命喜와 만났다가 작별하면서 쓴 시이다. 김명희와의 만남을 덕에 취하고 의로움을 배불리 먹었다고 표현하고, 또 헤어짐에 앞서 예전처럼 다시 굶주린 듯하다고 한 것이 재미있다. 금호琴湖는 지금의 서울 성동구 금호동이다.

초의 草衣, 1786~1866

신헌의 시에 화답하여 보내다 奉和于石申公見贈

내 성품이 맑고 아름다움을 사랑하노니
푸른 산이 있지 않다면 어느 곳을 유람하리오.
소박하고 한가한 곳엔 남보다 먼저 가고
번화하고 영화로운 곳에는 관심이 없지.
시냇길 깊디깊고 샘물 흐르는 소리 멀리 들리는데
솔바람 소리 가늘고 차 끓이는 연기 피어오르네.
속세의 모든 인연, 밝은 창 안에 다 없어지니
옥궁궐의 진주누각인들 이곳과 견줄쏘냐.[1]

爲人性癖愛淸休 不有靑山底處遊 澹素幽閑先着脚 繁華榮慕懶回頭
澗道深深泉響遠 松風細細茗烟浮 萬緣消盡明窓內 玉殿珠樓未校尤

[1] 나의 감회를 서술했다(右自述鄙懷).

출전: 『초의시고』 권4

해설   전체 10수 중 넷째 수이다. 초의 선사가 1843년 신헌申櫶의 시를 받아보고 이에 화답한 시이다. 신헌은 고종 때 일본과 강화도조약을 체결하고 미국과도 조미수호조약을 체결한 인물로, 정약용과 추사 김정희의 문하에 다니면서 실학을 체득한 인물이다.

초의 草衣, 1786~1866

운엄도인 시에 차운하다 次雲广道人韻

청아한 놀이가 지난겨울보다 낫다 느낌은
고사와 앉아 고요한 가운데 만났기 때문이네.
등잔 앞에서 예전에 지은 좋은 구절 자랑하는데
추운 밤 구름 밖에서 먼 종소리 들려오네.
인간 세계는 요란하여 바람이 나무를 흔들고
하늘 세계는 맑고 편안하여 달이 봉우리에 가득하네.
샘물이 우유보다 나음을 시험하려면
한 봉지의 용정차를 풀어보게나.

淸遊賸覺勝前冬 坐與高人靜裏逢 舊作燈前誇好句 寒更雲外報疎鍾
下方撩亂風搖樹 上界淸寧月滿峯 要試靈泉勝牛乳 一包龍井解斜封

출전: 『초의시고』 권4

해설 전체 8수 중 5번째 수이다. 초의 선사가 1843년에 지은 시로, 운엄도인雲广道人이 어떤 인물인지는 자세히 알 수 없다.

초의 草衣, 1786~1866

현재에서 한계원과 함께 읊다 縣齋拈韻同賦

일이 없어 안개 낀 시내 건넌 적 없었더니
오늘 밤 떠나서 흰 구름 가에서 유숙하네.
맑고 고운 경치는 석 달 가기 어렵지만
조촐한 술자리는 이천二天*에 속한다네.
옥젓가락으로 국수 집으매 가늘고 매끄러우며
화유차 끓이매 거품이 방울방울 떠오르네.
현감縣監에게 산수를 좋아하는 흥취 있으니
이로부터 해를 나누어 서로 노닐자꾸나.

無事不曾度澗煙 今宵離宿白雲邊 淸姸景物無三月 澹素梧盤屬二天
麵洗玉筯繞細滑 茗煎花乳浮輕圓 使君贋有烟霞趣 從此相遊可判年

출전: 『초의시고』 권4

해설 초의 선사가 1843년에 지은 시로, 시를 같이 지은 현감은 한계원韓啓源이다. 한계원은 고종 때 우의정까지 지냈다.

• **이천二天** 은인恩人을 말한다. 후한 순제 때 기주자사가 된 소장蘇章이 친구 청하태수의 탐장貪贓 사실을 조사할 때 태수에게 술을 청해 마시며 매우 좋은 기색으로 했다. 태수가 기뻐하여 말하기를 "남들은 한 하늘이 있는데 나는 두 하늘(二天)이 있다" 하였다.

초의 草衣, 1786~1866

산천도인이 차를 받고 보내온 시에 화운하다
奉和山泉道人謝茶之作

예로부터 성현들은 모두 차를 사랑하였으니
차는 군자와 같아서 성품에 삿됨이 없네.
사람들이 풀잎차를 거의 다 맛보았기에
멀리 설령雪嶺*에 들어가 노아차를 따네.
차를 법대로 만들어 품평을 받고
옥병에 가득 담아 열 가지 비단*으로 쌌네.
물은 황하 최상의 근원에서 찾아 왔으니
여덟 가지 덕을 갖추어 아름답기 한결 더하다.[1]
깊은 물 길어다가 가볍고 연한 맛을 한번 시험해보니
참되고 정수精粹함이 조화되어 몸과 마음이 열리더라.[2]
추잡한 것 다 없애고 정기가 스며드니
큰 도를 얻는 것이 어찌 멀겠는가.
차를 영산으로 가지고 돌아와서 여러 부처님께 바치고
차를 끓일 때는 세심하게 보살의 음악을 살핀다네.
알가(차)의 참된 본체로 오묘한 근원을 궁구하면[3]

* **설령**雪嶺 중국 사천성四川省과 서장西藏의 경계에 있는 산맥.
* **열 가지 비단** 촉蜀나라 맹씨孟氏가 만든 열 가지 화려한 비단.

오묘한 근원은 집착 없는 바라밀*이어라.⁴

아아, 나는 3천 년 뒤에 태어났으니

불경을 읽는 소리 아득히 선천과 막혔구나.

오묘한 근원을 묻고자 해도 얻을 곳이 없어

이원泥洹 이전에 태어나지 못함을 한탄하노라.⁵

줄곧 차에 대한 애착을 버리지 못하고

우리나라에 가지고 왔으니 속좁은 내가 우습다.

비단을 풀고 옥 병을 따서

먼저 친구들에게 보시하여 보내노라.

古來賢聖俱愛茶　茶如君子性無邪　人間草茶差嘗盡　遠入雪嶺採露芽
法製從他受題品　玉壜盛裹十樣錦　水尋黃河最上源　具含八德美更甚
深汲輕軟一試來　眞精適和體神開　麤穢除盡精氣入　大道得成何遠哉
持歸靈山獻諸佛　煎點更細考梵律　閼伽眞體窮妙源　妙源無着波羅蜜
嗟我生後三千年　潮音渺渺隔先天　妙源欲問無所得　長恨不生泥洹前
從來未能洗茶愛　持歸東土笑自隘　錦纏玉壜解斜封　先向知己修檀稅

¹ 『서역기』西域記에 이르기를 "황하수의 근원은 아뇩달지에서 발원하고 그 물에는 팔덕이 포함되어 있는데, 가볍고(輕), 맑고(淸), 차고(冷), 부드럽고(軟), 아름답고(美), 냄새가 나지 않고(不臭), 마실 때에 비위에 맞고(調適), 마시고 나서도 탈이 없다(無患)"라고 했다(西域記云 黃河之源 始發於阿耨達池 水含八德 輕淸冷軟 美不臭 飮時調適 飮後無患).

• 바라밀波羅蜜　바라밀다波羅蜜多·파라미다播囉弭多라고도 쓰고 도피안到彼岸·도무극度無極이라 번역한다. 피안은 이상의 경지에 이르고자 하는 보살수행의 총칭이다.

² 『다서』茶書「천품」泉品에 이르기를 "차는 물의 신神이요, 물은 차의 체體니, 참된 물이 아니면 그 신을 드러내지 못하고, 정수한 차가 아니면 체를 알아볼 수 없다"고 하였다(茶書泉品云 茶者水之神 水者茶之體 非眞水 莫顯其神 非精茶 莫窺其體).

³ 범어로 알가화閼伽華는 차를 말한다(梵語 閼伽華 言茶).

⁴ 『대반야경』大般若經에 이르기를 "모든 법에 집착하지 않는 것을 바라밀이라 한다" 하였다(大般若經云 於一切法無所執着 故名波羅蜜).

⁵ 이원은 열반과 뜻이 같다(泥洹 涅槃義同).

출전: 『초의시고』 권4

해설 초의 선사가 1850년에 산천 김명희의 편지에 답한 시이다. 김정희도 1848년 12월에 제주도 유배 생활에서 풀려 서울에 돌아와 있을 때이다. 초의 선사도 「동다송」 이후에 처음으로 차를 소재로 장시를 지은 듯싶다.

초의 草衣, 1786~1866

동다송• 東茶頌

동다송은 해거도인(홍현주)의 분부를 받들어 지었다.[1]
출가승 초의 의순

東茶頌 承海居道人命作
草衣沙門意恂

토지의 신이 차나무를 귤의 덕과 짝지웠으니
천성을 바꾸지 않고 남방에서만 자라는구나.
빽빽한 잎은 싸락눈과 싸우며 겨우내 푸르고
흰 꽃은 서리에 씻기어 가을의 영화를 발한다.

고야산의 선인처럼 분 바른 듯 고운 살갗에
천상의 금싸라기같이 아름다운 꽃술 맺었네.[2]
밤이슬에 맑게 씻기어 푸른 옥 가지 같은데
새 혓바닥 같은 여린 싹은 아침 노을에 촉촉하네.[3]

• **동다송東茶頌** 동다東茶는 해동의 차라는 뜻으로 우리나라의 차를 말한다.

신선도 귀신도 모두 애지중지하니
너(차)의 됨됨이가 참으로 기묘하구나.
염제 신농씨神農氏는 맛을 보고 『식경』에 기록하였고[4]
제호와 감로차는 옛날부터 그 이름이 전해왔지.[5]

술을 깨우고 잠을 적게 함은 주공周公이 증험했고[6]
현미밥에 나물 삼아 먹은 이는 제나라 안영晏嬰이었지.[7]
우홍虞洪은 제물을 바치고 단구자丹邱子에게 차를 빌었고,
모선毛仙은 진정秦精을 끌고 가 빽빽한 차나무 숲을 보여주었다.[8]

땅속의 귀신도 만 전의 돈을 아끼지 않고 사례하였고[9]
진수성찬이기로는 육청六淸* 보다 뛰어나지.[10]
수隋 문제文帝가 차로 두통을 고친 기이한 일 전해지고[11]
뇌소와 용향이란 이름이 차례대로 생겨났네.[12]

당나라 황실은 온갖 진수성찬을 즐겨 먹었는데
심원沁園*에는 오직 자영차만이 유명하지.[13]
법대로 만든 두강차頭綱茶*는 이때부터 성행하였고
맑은 현인賢人과 이름난 선비들은 좋은 맛이 오래감을 자랑하였네.[14]

• **육청六淸**　육청은 여섯 가지 맑은 음료로, 물(水)·미음(漿)·단술(醴)·맑은 장(涼)·식초(醫)·기장술(酏)을 말한다.
• **심원沁園**　후한 명제의 딸 심수沁水 공주의 원림園林인데, 일반적으로 공주의 원림을 뜻하는 말로 쓰인다.
• **두강차頭綱茶**　그해 처음에 생산된 차.

화려하게 장식한 용봉단차는 더욱더 정교하고 고우니
만금을 써서 100개의 떡차를 만들었다.¹⁵
누가 알랴 참된 빛깔과 향이 풍부한 차라도
한번 더러워지면 참된 본성 잃어버리는 줄을.¹⁶

도인은 평소에 차의 아름다움을 온전히 하고자
일찍이 몽산蒙山 꼭대기에서 손수 차를 심었다네.
다섯 근의 차를 길러 임금님께 바치니
그 이름은 길상예吉祥蕊와 성양화聖楊花라네.¹⁷

설화차와 운유차는 강렬한 향기 다투고
쌍정차와 일주차는 강서와 절강에서 유명하다네.¹⁸
건양과 단산은 맑은 물의 고장이니
운감차雲龕茶와 월간차月澗茶는 그 품질을 특별히 높였네.¹⁹

우리나라 차는 원래 중국차와 서로 같으니
색깔과 향기와 맛은 한 가지 공력이라 논하네.
육안차는 맛이 좋고 몽산차는 약효가 좋은데
옛사람은 우리 차가 두 가지를 겸했다고 높이 품평했네.²⁰

도로 아이가 되고 고목이 소생하듯 신비한 효험이 빠르니
여든 살 노인의 얼굴이 아름다운 복사꽃처럼 붉구나.²¹
내 유천을 가지고 있어 수벽탕과 백수탕을 만들었으니
어떻게 갖고 가서 남산 앞의 해거도인에게 드릴까.²²

또한 아홉 가지 어려움과 네 가지 향기가 오묘하게 작용하니[23]
옥부대玉浮臺 위에서 좌선하는 너희 중들을 어떻게 가르치랴.[24]
아홉 가지 어려움을 범하지 않고 네 가지 향기를 온전히 하면
최고의 맛있는 차는 구중궁궐에도 바칠 수 있겠지.

취도차와 녹향차가 비로소 마음에 드니[25]
총명함이 사방에 통하여 막힌 곳이 없어지도다.
하물며 신령한 뿌리를 신산神山에 의탁하였으니[26]
신선의 기풍과 옥 같은 풍모는 절로 남다른 종자가 되었네.

푸른 싹과 붉은 순이 바위를 뚫고 자라니
오랑캐 신발 같고 들소의 가슴팍 같고 주름진 물결 무늬 같다네.[27]
맑은 밤이슬을 다 마시고 흠뻑 젖으니
삼매경의 솜씨 가운데 기이한 향기 피어오르네.[28]

그 속에 심오한 이치가 있으나 그 미묘함을 드러내기 어려우니
참된 정기는 본체(물)와 신(차)이 분리되게 하지 말아야 한다네.[29]
차와 물이 온전하다 하더라도 중정을 잃을까 조심해야 하는 법
중정을 잃지 않아야 건健과 영靈이 잘 어우러진다네.[30]

옥화차 한 잔을 마시면 겨드랑이에 바람이 일어나니
몸이 가벼워져 이미 상청上淸(하늘) 경계를 거닌 것 같네.[31]
밝은 달은 촛불이 되고 또한 친구도 되며
흰 구름은 자리가 되고 그대로 병풍도 되어주네.

대숲 소리와 솔바람 소리는 모두 쓸쓸하고 서늘한데
맑고 찬 기운 뼛속을 통하여 마음을 일깨우네.
다만 흰 구름과 밝은 달만 벗하니
도인의 자리는 이때가 가장 좋지.[32]

后皇嘉樹配橘德 受命不遷生南國 蜜葉闘霰貫冬靑 素花濯霜發秋榮
姑射仙子粉肌潔 閻浮檀金芳心結 沆瀣漱淸碧玉條 朝霞含潤翠禽舌
天仙人鬼俱愛重 知爾爲物誠奇絶 炎帝曾嘗載食經 醍醐甘露舊傳名
解醒少眠證周聖 脫粟伴菜聞齊嬰 虞洪薦餽乞丹邱 毛仙示藂引秦精
潛壤不惜謝萬錢 鼎食獨稱冠六淸 開皇醫腦傳異事 雷笑茸香取次生
巨唐尙食羞百珍 沁園唯獨記紫英 法製頭綱從此盛 淸賢名士誇雋永
綵莊龍鳳轉巧麗 費盡萬金成百餠 誰知自饒眞色香 一經點染失眞性
道人雅欲全其嘉 曾向蒙頂手栽那 養得五斤獻君王 吉祥蕊與聖楊花
雪花雲腴爭芳烈 雙井日注喧江浙 建陽丹山碧水鄕 品題特尊雲澗月
東國所産元相同 色香氣味論一功 陸安之味蒙山藥 古人高判兼兩宗
還童振枯神驗速 八耋顔如天桃紅 我有乳泉把成秀碧百壽湯 何以持歸木覓山前獻海翁
又有九難四香玄妙用 何以敎汝玉浮臺上坐禪衆 九難不犯四香全 至味可獻九重供
翠濤綠香纔入朝 聰明四達無滯壅 矧爾靈根托神山 仙風玉骨自另種
綠芽紫筍穿雲根 胡靴犎臆皺水紋 吸盡瀼瀣淸夜露 三昧手中上奇芬
中有玄微妙難顯 眞精莫敎體神分 體神雖全猶恐過中正 中正不過健靈併
一傾玉花風生腋 身輕已涉上淸境 明月爲燭兼爲友 白雲鋪席因作屛
竹籟松濤俱蕭凉 淸寒瑩骨心肝惺 惟許白雲明月爲二客 道人座上此爲勝

제발題跋

초의 스님 새로 차를 끓이매 푸른 향기 피어나는데
곡우 전에 참새 혓바닥처럼 막 돋은 찻잎일세.
단산의 구름과 시내에 달이 몇 번 기울었는지 세지 말라.
잔에 가득한 뇌소차가 장수하게 해줄 터이니.

신승지 백파거사가 쓰다.

艸衣新試綠香煙 禽舌初纖穀雨前
莫數丹山雲潤月 滿鍾雷笑可延年

申承旨 白坡居士 題

[1] 해거도인께서 차를 만드는 법을 물으시기에 드디어 삼가「동다송」한 편을 지어 응대하였다(海居道人垂詰製茶之候 遂謹述東茶頌一篇以對).
[2] 차나무는 과로와 같고, 잎은 치자나무 잎과 같으며, 꽃은 백장미꽃과 같고, 꽃술은 황금빛을 띤다. 가을에 꽃이 피는데 맑은 향기가 은은하다(茶樹如瓜蘆 葉如梔子 花如白薔薇 心黃如金 當秋開花 淸香隱然云).
[3] 이백은 말하기를 "형주에 있는 옥천사에는 맑은 계곡의 여러 산에 차나무가 더부룩이 자라고 있는데, 가지와 잎이 푸른 옥과 같다. 옥천사의 진공이 늘 이 차를 따서 마셨다"고 하였다(李白云 莉州玉泉寺 靑溪諸山 有茗艸羅生 枝葉如碧玉 玉泉眞公常採飮).
[4] 염제의『식경』에 이르기를, "차를 오래 마시면 사람이 힘이 있고 마음이 즐거워진다"고 하였다(炎帝食經云 茶茗久服 人有力悅志).
[5] 왕자상이 팔공산에 있는 담재도인에게 갔다. 도인이 차를 대접하자 자상이 맛을 보고 말하기를 "이것은 감로차입니다"라고 하였다. 나대경의 시「약탕」에 "소나무와 전나무의 비바람 소리가 들려오기 시작하면, 급히 구리병을 끌어다 죽로에서 내려

놓는다. 들려오던 소리가 모두 고요해진 뒤에, 한 사발의 춘설차가 제호보다 낫구나"라고 하였다(王子尙 詣曇齋道人于八公山 道人設茶茗 子尙味之曰 此甘露也 羅大經瀹湯詩 松風檜雨到來初 急引銅瓶離竹爐 待得聲聞俱寂後 一甌春雪勝醍醐). 제호는 우유 발효식품으로 요즈음의 요구르트 비슷한 것인데, 달고 맛있는 음식으로 유명하다.

6 『이아』에서 가檟는 고도苦荼라 하였고, 『광아』에서는 형주荊州와 파주巴州에서 잎을 따서 그것을 달여 마시면 술이 깨고 잠을 적게 한다고 하였다(爾雅 檟 苦荼 廣雅 荊巴間 採葉 其飮醒酒 令人少眠).

7 『안자춘추』에 "안영은 제나라 경공의 재상으로 있을 때 현미밥에 구운 고기 세 꼬치와 새알 다섯 개와 차나물을 먹을 뿐이었다"라고 하였다(晏子春秋 嬰相齊景公時 食脫粟飯 炙三戈五卵 茗菜而已).

8 『신이기』에 "절강 소흥부 여요 사람 우홍이 차를 따려고 산에 들어갔다가 한 도사를 만났는데 세 마리의 푸른 소를 끌고 있었다. 우홍을 데리고 폭포산에 이르러 말하기를 '나는 단구자요. 당신이 차를 잘 갖추어 마신다고 들어 선물을 주고 싶었소. 산중에는 그대에게 줄 만한 좋은 차가 있소. 바라건대 그대는 뒷날 남는 제물이 있거든 내게도 주기를 바라오' 하였다. 이에 제사를 지낸 뒤에 산에 들어가면 항상 좋은 차를 얻었다"고 하였다. 또 『다경』에 "안휘성 선성 사람 진정이 차를 따려고 무창산에 들어갔다가 털이 많이 난 사람을 만났는데 키가 1장이 넘었다. 진정을 데리고 산 아래로 가서 무더기로 난 차나무를 보여주고는 갔다. 조금 뒤에 다시 돌아와서 곧 품속에서 귤을 꺼내어 진정에게 주었다. 진정은 겁을 먹고 차를 짊어지고 돌아왔다"고 하였다(神異記 餘姚虞洪 入山採茗 遇一道士 牽三靑牛 引洪至瀑布山曰 予丹邱子也 聞子善具飮 常思見惠 山中有大茗可相給 祈子他日有甌犧之餘 乞相遺也 因奠祀後入山 常獲大茗 宣城人秦精 入武昌山中採茗 遇一毛人 長丈餘 引精至山下 示以叢茗而去 俄而復還 乃探懷中橘以遺精 精怖負茗而歸).

9 『이원』에 나온다. "섬현에 살던 진무의 아내는 젊어서 두 아들과 함께 과부로 살면서 차를 마시기 좋아했다. 집 안에는 옛 무덤이 있어 차를 마실 때마다 문득 먼저 제사를 지냈다. 두 아들이 말하기를 '옛 무덤이 어찌 알겠습니까? 사람의 마음만 헛되이 수고롭습니다' 하고 무덤을 파 없애려고 하였으나 어머니가 막아서 그만두었다. 그날 밤 꿈에 한 사람이 나타나 말하기를 '내가 여기 머문 지 300여 년이 넘었는데 그대의 아들이 항상 보고 헐어버리려고 하였다. 그대의 보호에 힘입고 도리

어 좋은 차까지 받아 마셨다. 비록 땅속에 묻힌 썩은 뼈라 하더라도 어찌 예상의 보은*을 잊을 수 있겠는가?"하였다. 새벽이 되자 뜰 가운데서 돈 10만 냥을 얻었다."(異苑 剡縣陳務妻 少與二子寡居 好飮茶茗 宅中有古塚 每飮輒先祭之 二子曰 古塚何知 徒勞人意 欲塭去之 母禁而止 其夜夢一人云 吾止此三百年餘 卿子常欲見毀 賴相保護 反享佳茗 雖潛壤朽骨 豈忘翳桑之報 及曉於庭中 獲錢十萬).

10 장맹양(장재)의 「누각에 오르는 시」에 "성찬이 때에 따라 바쳐지고 온갖 음식의 맛은 묘하고 특이하다. 향기로운 차는 육청보다 뛰어나고 풍부한 차맛은 온 천하에 퍼졌다"고 하였다(張孟陽 登樓詩 鼎食隨時進 百和妙具殊 芳茶冠六淸 溢味播九區).

11 수나라 문제가 미천했을 때 꿈에 신이 그의 뇌골惱骨을 바꾸었는데, 이때부터 두통을 앓게 되었다. 홀연 한 스님을 만났는데 말하기를 "산속에 있는 찻잎으로 고칠 수 있다"고 하였다. 문제가 이 차를 마셨더니 효험이 있었다. 이로 인해 천하의 사람들이 차 마시는 것을 비로소 알게 되었다(隋文帝微時 夢神易其腦骨 自爾痛 忽遇一僧云 山中茗草可治 帝服之 有效 於是天下始知飮茶).

12 당나라 각림사의 지숭 스님이 세 가지 품질의 차를 만들었는데, 경뢰소는 자기가 마시고, 훤초대는 부처님께 바치고, 자용향*으로는 손님을 대접했다고 한다(唐覺林寺僧志崇 製茶三品 驚雷笑自奉 萱草帶供佛 紫茸香待客云).

13 당나라 덕종은 동창 공주에게 음식을 내렸는데, 그 차 가운데는 녹화와 자영이 있었다(唐德宗 每賜同昌公主饌 其茶 有綠花紫英之號).

14 육우의 『다경』에는 차의 맛이 준영하다고 말하였다(茶經 稱茶味 雋永).

15 크고 작은 용봉단차는 정위가 만들기 시작했고 채군모(채양)가 완성하였다. 향과 약을 섞어 떡을 만들고 떡차 위에 용과 봉의 무늬를 장식하였다. 임금께 드리는 것

• **예상翳桑의 보은報恩** 은혜를 잊지 않은 것을 비유한 말이다. 예상은 지명이다. 영첩靈輒은 춘추 시대 진晉나라 사람으로, 진나라 조돈趙盾이 예상에서 사냥을 할 적에 굶주림에 지친 그를 구제해주었다. 뒤에 영공靈公이 복병伏兵을 시켜 조돈을 죽이려 하였다. 영첩이 이때 마침 영공의 무사로 있었는데, 창을 거꾸로 들고 도리어 영공의 군사를 방어하여 조돈을 죽이지 못하게 하였다. 조돈이 그 이유를 묻자, 영첩이 대답하기를 "나는 예상에서 굶주리던 사람이다" 하였다. 조돈이 이름과 주거를 물으니 대답하지 않고 가버렸다.

• **자용향紫茸香** 한국불교전서본과 석경각본에는 '자' 紫로 되어 있고 경암등초본에는 '시' 柴로 되어 있는데, '紫'가 옳은 표기이다.

은 황금으로 꾸며서 만들었다. 소식의 시에 "자줏빛 황금으로 떡차 백 개를 만드는데 만 냥을 썼다"고 하였다(大小龍鳳團 始於丁謂 成於蔡君謨 以香藥合而成餠 餠上飾以龍鳳紋 供御者 以金莊成 東坡詩 紫金百餠費萬錢).

[16] 『만보전서』에 "차는 본디 진향과 진미와 진색을 가지고 있지만, 한번 다른 것에 오염되면 문득 그 참된 본성을 잃어버린다"고 하였다(萬寶全書 茶 自有眞香眞味眞色 一經他物點染 便失其眞).

[17] 부 대사가 스스로 몽산의 꼭대기에 살면서 암자를 짓고 차나무를 심었다. 무릇 3년 만에 매우 좋은 차를 얻었는데, 이를 이름하여 성양화와 길상예라 이름하였다. 모두 다섯 근을 가지고 돌아와 임금님께 바쳤다(傅大士 自住蒙頂 結庵種茶 凡三年 得絶嘉者 號聖楊花吉祥蕊, 共五斤持歸供獻).

[18] 소동파의 시에 "설화차와 양각차를 어떻게 말하리오" 하였고, 황산곡黃山谷(황정견)의 시에 "내 집이 있는 강남에서는 운유차를 딴다"고 하였다. 소동파가 절간에 이르자 범영 스님이 법당의 지붕을 이어 매우 깨끗하였다. 차를 마시는데 향기가 짙어 묻기를 "이 차는 햇차입니까?" 하니, 범영 스님이 말하기를 "차의 성품은 햇차와 묵은 차를 섞으면 향과 맛이 살아나지요" 하였다. 초다는 양절 지방에서 생산되는데 양절의 차 품질은 일주차가 제일이다. 경우(1034~1037) 연간 이래로 홍주의 쌍정차와 백아차가 점차 성해졌다. 근세에는 차를 만드는 법이 더욱 정교해져 그 품질이 뛰어나서 일주차가 앞서게 되어 드디어 초다 중에서 제일이 되었다(東坡詩 雪花兩脚何足道 山谷詩 我家江南採雲腴 東坡至僧院 僧梵英 葺治堂宇 嚴潔 茗飮芳烈 問 此新茶耶 英曰 茶性 新舊交 則香味復 草茶成兩浙 而兩浙之茶品 日注爲第一 自景祐以來 洪州雙井白芽漸盛 近世製作尤精 其品遠出日注之上 遂爲草茶第一).

[19] 『돈재한람』에 "건안차는 천하제일이다"라고 하였다. 손초가 초 형부에게 차를 보내면서 말하기를 "만감후 15명을 시재각에 보냅니다. 이 무리들은 우레가 칠 때 잎을 채취하고 물에 절하고서 법제하였습니다. 대개 건양과 단산 벽수의 고장에 나는 월간차와 운감차의 품질은 삼가 천하게 사용해서는 안됩니다"라고 하였다. 만감후는 차의 이름이다. 다산 선생은 「걸명소」乞茗疏에서 "아침 햇살에 비로소 일어나 차를 마시면 뜬 구름이 맑은 하늘에 희게 보이고, 낮잠에서 처음 깨어나 차를 마시면 밝은 달이 푸른 시냇물에 어른거리네"라고 하였다(遯齋閑覽 建安茶爲天下第一 孫樵送茶焦刑部曰 晩甘侯十五 人遣侍齋閣 此徒乘雷而摘 拜水而和 蓋建陽丹山 碧水之鄕 月澗雲龕之品 愼勿賤用 晩甘侯 茶名 茶山先生乞茗疏

朝華始起 浮雲皛皛於晴天 午睡初醒 明月離離於碧澗).

[20] 「동다기」에 이르기를 "어떤 사람은 우리나라 차의 효험이 월 지방에서 생산되는 차에 미치지 못한다고 의심한다. 내가 보기에는 빛깔과 향기와 맛은 조금도 차이가 없다" 하였다.『다서』에 이르기를 "육안차는 맛이 뛰어나고 몽산차는 약효가 뛰어나다고 했다. 우리나라 차는 대체로 이 두 가지를 겸하고 있다. 만일 이찬황(이서균)과 육우가 있었다면 그들은 반드시 내 말을 옳다고 할 것이다"라고 하였다(東茶記云 或疑東茶之效 不及越産 以余觀之 色香氣味 少無差異 茶書云 陸安茶以味勝 蒙山茶以藥勝 東茶蓋兼之矣 若有李贊皇陸子羽 其人必以余言 爲然也).

[21] 이백이 말하기를 "옥천사의 진공은 80세인데 얼굴빛이 복숭아꽃이나 오얏꽃과 같다. 이 차는 향기가 맑은 것이 다른 곳에서 나는 것과 달라서 늙은이를 도로 아이가 되게 하고 사람으로 하여금 장수하게 한다"고 하였다(李白云 玉泉眞公 年八十 顔色如桃李 此茗香 淸異于他 所以能還童振枯 而令人長壽也).

[22] 당나라 소이가『십육탕품』을 지었다. "세 번째 백수탕은 사람이 백 번이나 숨쉬는 동안을 지나고 물을 십여 번 끓여 만든 것이다. 혹은 말을 하지 않고 혹은 일을 멈춘다. 만일 이를 가져다가 쓰게 되면 그 탕은 이미 본성을 잃는다. 감히 묻노니, 창안백발蒼顔白髮 노인이 도리어 활을 잡고 화살을 당겨 과녁을 맞힐 수 있고, 또한 힘차게 길에 올라 활보하여 길을 갈 수 있는 것일까?" 하였다. "여덟 번째 수벽탕은 이렇다. 하늘과 땅의 빼어난 기운이 엉겨 형체를 이룬 돌을 쪼아서 그릇을 만들면 빼어난 기운이 여전히 남아 있으니, 그 탕에 불량함이 있을 수 없다"라고 하였다. 요즈음 유당* 어른께서 남쪽 두륜산을 지나다가 자우산방(일지암)에서 하룻밤을 묵고 그 유천乳泉의 물을 맛보고 말하기를 "맛이 수락*보다 낫다" 하였다(唐蘇廙 著十六湯品 第三曰 百壽湯 人過百息 水逾十沸 或以話阻 或以事廢 如取用之 湯已失性矣 敢問 皤鬢蒼顔之老夫 還可執弓扶矢 以取中乎 還可雄登 濶步 以邁遠乎 第八曰 秀碧湯 石凝天地秀氣 而賦形者也 琢而爲器 秀猶在焉 其湯不良 未之有也 近酉堂大爺 南過頭輪 一宿紫芋山房 嘗其泉曰 味勝酥酪).

[23] 『다경』에 이르기를 "차에는 아홉 가지 어려움이 있다. 첫째는 차를 만드는 일이고,

• 유당酉堂 추사 김정희의 아버지인 김노경金魯敬.

• 수락酥酪 우유나 양유를 가공한 것.

둘째는 차의 품질을 감별하는 것이고, 셋째는 찻그릇이며, 넷째는 불이고, 다섯째는 물이며, 여섯째는 차를 불에 쬐어 말리는 일이며, 일곱째는 가루를 만드는 일이고, 여덟째는 물을 끓이는 일이며, 아홉째는 차를 마시는 일이다. 흐린 날 차를 따서 밤에 불에 말리는 것은 제대로 된 조제법이 아니요, 씹어서 맛을 보거나 향기를 맡는 것은 차의 품질을 감별하는 법이 아니다. 누린내 나는 솥이나 비린내 나는 그릇은 찻그릇이 아니고, 진이 나는 장작과 부엌에서 나온 숯은 차를 끓이는 불이 아니다. 쏟아지는 여울이나 괸 물은 물이 아니고, 겉은 익고 속이 설은 것은 덖는 법이 아니다. 푸른 가루나 먼지처럼 날리는 것은 올바른 가루내는 법이 아니고, 서투르게 잡거나 손놀림이 급한 것은 끓이는 법이 아니다. 여름에는 많이 마시고 겨울에는 마시지 않는 것은 마시는 법이 아니다"라고 하였다. 『만보전서』에 "차에는 참 향기와 난초 향기와 맑은 향기와 순수한 향기가 있다. 겉과 속이 한결같은 것은 순수한 향기이고, 설지도 익지도 않은 것을 맑은 향기라 하며, 불기가 고르게 든 것을 난초 향기라 하고, 곡우 전에 신령스러움이 갖추어진 것을 참향기라 하니 이것을 네 가지 향기라고 한다"고 하였다(茶經云 茶有九難 一曰造 二曰別 三曰器 四曰火 五曰水 六曰炙 七曰末 八曰煮 九曰飮 陰採夜焙 非造也 嚼味嗅香 非別也 羶鼎腥甌 非器也 膏薪庖炭 非火也 飛湍壅潦 非水也 外熟內生 非炙也 碧粉飄塵 非末也 操艱攪遽 非煮也 夏興冬廢 非飮也 萬寶全書 茶有眞香 有蘭香 有淸香 有純香 表裏如一曰純香 不生不熟曰淸香 火候均停曰蘭香 雨前神具曰眞香 此謂四香).

[24] 지리산 화개동에는 차나무가 40~50리에 흩어져 자라고 있다. 우리나라 차밭의 넓기가 이보다 더 넓은 곳은 없다고 생각한다. 화개동에는 옥부대가 있고, 옥부대 아래에는 칠불선원이 있다. 그곳에서 좌선하는 이들은 언제나 늦게 쇤 찻잎을 따서 햇볕에 말렸다. 그리고 장작불을 피워 솥에 끓였는데 마치 나물을 삶는 것 같아서 차는 진하고 탁하며 빛깔은 붉고 맛은 몹시 쓰고 떫었다. 바로 이른바 "천하의 좋은 차가 속된 솜씨로 못쓰게 되는 것이 많다"라는 격이다(智異山花開洞 茶樹羅生四五十里 東國茶田之廣 料無過此者 洞有玉浮臺 臺下有七佛禪院 坐禪者 常晩取老葉晒乾 然柴煮鼎如烹菜羹 濃濁色赤 味甚苦澁 政所云 天下好茶 多爲俗手所壞).

[25] 차향이 마음에 깊이 스며드는 것을 말한다. 『다보』茶譜 「소서」小序에 이르기를 "찻잔에는 푸른 거품이 떠 있고, 차 맷돌에는 푸른 가루가 날린다"고 하였다. 또 이르기를 "차는 푸른 취색이 가장 좋고 찻물의 거품은 남백색이 좋으며, 누르거나

검거나 붉거나 어두운 색은 모두 좋은 품등에 들지 않는다. 차는 구름 같은 거품이 있는 것이 상품이고 푸른 거품이 중품이며 누런 거품은 하품이다"라고 하였다. 진미공(진계유)의 시에 이르기를 "아름다운 그늘이 덮인 곳에 모여, 영초(차)의 신기함을 시험하려고 죽로를 그윽이 찾으니, 소나무 불이 이글이글 날렸다. 물은 맑은 것이 더욱 좋고 찻잎은 살찐 것이 더욱 좋다. 푸른 향기가 길에 가득하니 온종일 돌아가기를 잊었다"고 하였다(入朝于心君 茶序曰 甌泛翠濤 碾飛綠屑 又云 茶以靑翠爲勝 濤以藍白爲佳 黃黑紅昏 俱不入品 雲濤爲上 翠濤爲中 黃濤爲下 陳麋公詩 綺陰攢蓋 靈艸試奇 竹爐幽討 松火怒飛 水交以淡 茗戰以肥 綠香滿路 永日忘歸).

²⁶ 지리산을 세상에서는 방장산이라고 일컫는다(智異山 世稱方丈).

²⁷ 『다경』에 이르기를 "차는 푸석푸석한 돌 가운데서 자란 것이 상품이고, 자갈 섞인 흙에서 자란 것이 다음이다"라고 하였다. 또 말하기를 "골짜기에서 자란 것이 상품이다"라고 하였다. 지리산 화개동의 차밭은 모두 골짜기와 푸석푸석한 돌을 겸하였다. 『다서』에 또 말하기를 "찻잎은 자줏빛 나는 것이 상품이고, 주름진 것이 다음이고 녹색의 것은 그다음이다. 죽순과 같은 것이 상품이며, 상아 같은 것이 다음이다. 그 생긴 모양이 오랑캐의 신발처럼 오그라진 것과 들소의 가슴처럼 반듯하고 가지런한 것과 가벼운 바람이 물결에 스치는 것과 같이 맑고 촉촉한 것은 모두 차의 정수이다"라고 하였다(茶經云 生爛石中者爲上 礫壤者次之 又曰 谷中者爲上 花開洞茶田 皆谷中兼爛石矣 茶書又言 茶紫者爲上 皺者次之 綠者次之 如筍者爲上 似芽者次之 其狀如胡人靴者 蹙縮然 如犎牛臆者 廉襜然 如輕飇拂衣者 涵澹然 此皆茶之精腴也).

²⁸ 『다서』에 이르기를 "차를 따는 시기는 제때에 미쳐 하는 것을 귀중하게 여긴다. 너무 이르면 차맛이 온전하지 않고, 너무 늦으면 신기神氣가 흩어진다. 곡우 전 5일간의 것이 상품이고, 그 후 5일간의 것이 다음이며, 그 후 5일간의 것이 또 다음이다"라고 하였다. 그러나 그것을 우리나라 차에 적용해보면 곡우 전후는 너무 이르니, 마땅히 입하 전후를 적당한 때로 삼아야 한다. 찻잎을 따는 법은 "밤새 구름 없이 이슬에 젖은 것을 따는 것이 상품이고, 한낮에 따는 것이 그다음이며, 궂은비가 내리는 때 차를 따는 것은 알맞지 않다"고 하였다. 동파東坡 노인(소식)의 시 「겸 스님을 보내며」에 이르기를 "도인이 새벽에 남병산에서 내려와 삼매의 솜씨로 차 끓이기를 시험하네"라고 하였다(茶書云 採茶之候貴及時 太早則茶不全 遲則神散 以穀雨前五日爲上 後五日次之 後五日又次之 然驗之 東茶 穀雨前後太早

當以立夏後爲及時也 其採法 徹夜無雲浥露採者爲上 日中採者次之 陰雨下不宜採 老坡送謙師詩曰 道人曉出南屛山 來試點茶三昧手).

[29] 『만보전서』「조다편」에 이르기를 "새로 찻잎을 따서 쇤 잎을 가려내어 버리고 뜨거운 솥에 말린다. 솥이 매우 뜨거워질 때를 기다려 비로소 찻잎을 넣고 빨리 덖는데 불길을 늦춰서는 안 된다. 차가 익기를 기다렸다가 바야흐로 불을 물리고 체 속에 거두어 넣고, 가벼운 덩어리를 몇 번 비빈 뒤에 다시 솥에 넣고 점점 불을 줄여서 말리는 것을 법도로 한다. 그 가운데 심오한 이치가 있으나 말로 표현하기는 어렵다" 하였다. 『만보전서』「천품」에 이르기를 "차는 물의 신이고 물은 차의 본체이다. 참된 물이 아니면 차의 정신이 드러나지 않고, 참된 차가 아니면 차의 본체를 엿볼 수 없다" 하였다(造茶篇云 新採揀去老葉 熱鍋焙之 候鍋極熱 始下茶急炒 火不可緩 待熟方退 徹入篩中 輕團挪數遍 復下鍋中 漸漸減火 焙乾爲度 中有玄微 難以言顯 泉品云 茶者 水之神 水者 茶之體 非眞水 莫顯其神 非眞茶 莫窺其體).

[30] 『만보전서』「포법」에 이르기를 "탕을 살폈다가 완숙이 되면 곧 물을 들어 올려 먼저 다관에 조금 따라 부어서 찬 기운을 없애고 물을 따른 뒤에 찻잎을 넣는다. 찻잎의 많고 적음을 마땅히 헤아려야 하며, 중中을 지나쳐 정正을 잃어서는 안 된다. 차가 많으면 맛이 쓰고 향기가 가라앉으며, 물이 지나치면 맛이 없고 빛깔이 맑다. 두 번 다관을 사용한 뒤에 다시 냉수로 씻어내고 다관을 서늘하고 깨끗하게 한다. 그렇게 하지 않으면 차의 향기는 줄어든다. 대개 탕관에 차가 완숙되면 다신茶神이 건전하지 못하고 다관이 맑으면 물의 본성은 당연히 신령스럽다. 차와 물이 잘 어우러지기를 기다린 뒤에 베에 걸러서 마신다. 베에 거르는 것이 빠르면 안 되니, 빠르면 다신이 나타나지 않는다. 차를 마시는 것은 지체하면 안 되니, 지체하면 묘한 향기가 먼저 사그러진다"고 하였다. 평하여 말하였다. "차를 딸 때는 그 묘함을 다하고 차를 만들 때는 그 정성을 다하고 물은 참된 것을 얻어야 하고 차를 우릴 때는 중정을 얻어야 한다. 체體와 신神이 서로 조화를 이루면 건健과 영靈이 서로 잘 아우러진다. 여기에 이르면 다도는 다 이룬 것이다."(泡法云 探湯純熟便取起 先注壺中小許 盪祛冷氣傾出 然後投茶 葉多寡宜酌 不可過中失正 茶重則味苦香沈 水勝則味寡色淸 兩壺後 又冷水蕩滌 使壺涼潔 否則減茶香 蓋罐熱則茶神不健 壺淸則水性當靈 稍候茶水冲和 然後令布釃飮 釃不宜早 早則茶神不發 飮不宜遲 遲則妙馥先消 評曰 採盡其妙 造盡其精 水得其眞 泡得其中 體與神相和 健與靈常倂 至此而茶道盡矣)

³¹ 간재 진여의陳與義의 「다시」에 "이 옥화차를 맛본다"는 글귀가 있고, 옥천 노동盧소은 「차 노래」에서 "오직 양쪽 겨드랑이에서 솔솔 맑은 바람이 일어나는 것을 깨닫네"라고 하였다(陳簡齋茶詩 嘗此玉花句 盧玉川茶歌 唯覺兩腋習習生淸風).

³² 차 마시는 법에 "손님이 많으면 시끄럽고, 시끄러우면 아담한 정취가 사라진다. 혼자 마시는 것을 신의 경지라 말하고 손님이 둘이면 매우 좋다고 하며, 손님이 서넛이면 아름다운 정취가 있다고 하고, 손님이 대여섯이면 덤덤하다고 하며, 일고여덟이면 그저 나눠 마신다고 한다"고 하였다(飮茶之法 客衆則喧 喧則雅趣索然 獨啜曰神 二客曰勝 三四曰趣 五六曰泛 七八曰施也).

출전: 『초의집』艸衣集

해설 초의 선사의 「동다송」은 1833년경 해거도인 홍현주의 분부에 따라 일지암一枝庵에서 헌종 3년(1837)에 저술해 바친 것으로, 우리나라 차의 품질이 우수함을 칭송하고 있다. 그 내용을 보면 『다경』과 『만보전서』萬寶全書, 「동다기」東茶記와 「걸명소」乞茗疏 및 기타 문헌에 전하는 차에 얽힌 전설과 공효에 대해 노래하고, 그 구절을 해설하고 있다. 또 지리산 화개동 차밭의 장관을 설명하고, 여기서 생산되는 좋은 차를 속된 솜씨로 차를 만들어 망치고 있다고도 했다.

말미에 붙은 제발은 「동다송」 끝에 적힌 발문 형식의 시로, 신헌구申獻求가 지은 것이다. 참고로 여기에 번역하고 교주해 실은 「동다송」은 동국역경원의 『한글대장경 초의집 외』와 윤병상 선생의 『다도고전』茶道古典을 많이 참고하였다.

기타 초의 관련 소기 小記

초의는 자신이 법제한 차를 여러 문사들에게 나누어주었다. 최근에 발견된 자료에 의하면 금령錦舲 박영보朴永輔는 초의가 만든 차를 이산중李山中을 통해 얻었고, 그 차를 다시 스승인 자하 신위에게 올렸다. 이때 박영보는 자신이 지은 「남다가」南茶歌를 보여 주었고, 이에 신위는 「남다시병서」南茶詩幷書를 지어 화답하였다. 「남다시병서」의 내용은 다음과 같다.

> 초의 선사가 친히 만든 차를 당시의 명사들에게 보냈다. 이산중이라는 사람이 초의가 보낸 차를 얻어서 금령 박영보에게 나누어주었고, 금령은 나를 위해 차를 달여주어 맛보게 하였다. 그가 「남다가」를 지어 나에게 보여주었기에 나도 그의 뜻에 화답하였다.

여기에 나오는 「남다가」와 「남다시병서」는 모두 서첩으로 전해진다. 이 밖에 문중에 전하는 박영보의 문집을 보면, 초의의 차는 장안에 이름이 알려져 '전다박사' 煎茶博士라는 호칭을 얻었음을 알 수 있다. (박동춘, 「草衣 意恂의 茶道 思想연구」 참조)

김정희 金正喜, 1786~1856

이유여가 차를 찾기에 시로 답하다
酬李幼輿索茶 時自燕還

집닭과 들오리 구분하지 말게나
금산 찻잎은 본래 건안다建安茶*와 비교하네.
열수(한강)는 일찍이 양자강의 물과 품이 같고
소재(옹방강)는 도리어 조선의 화차花茶를 찾는다오.
맑은 샘 하얀 돌은 진경을 실어오고
법유와 제호*는 가는 노을 깨뜨리네.
만 리 길에 비어버린 주머니 그대는 웃지 말고
다만 반가운 눈 가지고서 남에게 자랑하소.

- **건안다建安茶** 차 이름. 남송 때 시인 양만리楊萬里의 시에 "혜산천의 물을 길어 건안다를 달이네"(傳呼惠山水 來瀹建安茶)라 하였다.
- **법유와 제호** 모두 우유의 발효 식품으로 맛이 뛰어난 음식이다. 여기서는 훌륭한 차를 비유한 말이다.

休分鷄鶖野殊家 錦葉由來賽建芽 洌水曾同揚子品 蘇齋還覓高麗花

淸泉白石輸眞境 法乳醍醐破細霞 萬里囊空君莫笑 秪將靑眼對人夸

출전: 『완당전집』阮堂全集 권9

해설　김정희가 1809년 사은부사인 부친 김노경을 따라 북경에 갔다가 돌아온 이듬해, 이유여에게 쓴 시이다. 혜환 이용휴의 종손으로 이유여라는 인물이 있으나, 동일 인물인지 정확하지 않다. 김정희는 중국차가 아닌 금산에서 나는 차를 이유여에게 보내며, 그것이 중국의 건안다에 비해 손색이 없음을 말하고 있다.

김정희 金正喜, 1786~1856

황산 김유근의 시에 차운하다 次黃山韻

꽃다운 때 술 대하면 언제나 탄식하니
돈과 술로 세월을 멈추기 어렵도다.
부끄럽다, 나는 허기나 채우는 보리밥이고
그대는 세상에 드문 창포꽃처럼 귀한 사람.
차 달이는 곳엔 파리와 모기 응당 적을 테고
대추 무성한 나무*엔 벌과 나비가 떠들썩하리.
석류꽃 눈에 가득 불꽃같이 피었는데
문 앞에 삐걱삐걱 시인의 수레 왔도다.

芳辰對酒每咨嗟 難把酒錢歲月賒 愧我塡腸同麥飯 如君稀世是菖花
蠅蚊應少拈茶處 蜂蝶爭喧嫁棗家 滿眼石榴開似火 門前轢轢到詩車

출전: 『완당전집』 권9

해설 전체 2수 중 둘째 수이다. 이 시는 김정희가 생원이던 1817년경에 쓴 것으로 추측된다. 귀한 손을 맞아 정갈하게 차를 달이는 모습을 연상케 하는 내용이다.

• **대추 무성한 나무** 원문을 번역하면 대추나무를 시집보낸다는 뜻인데, 이는 음력 정월 초에 대추나무를 두들기는 풍속이다. 우리나라 풍속에 이때 대추나무를 두들기면 열매를 많이 맺는다고 한다.

김정희 金正喜, 1786~1856

우연히 짓다 偶作

좋은 일 궂은 일 가리지 않고
바람에 삿갓 하나로 인연 따라 오가네.
바람에 휘날린 흰머리는 3천 길이고
속세 티끌에 시달린 이 몸은 60년이라.
나는 세상 일 잊으려 자주 술을 마시는데
멀리 귀양 옴 가엾다며 신선이라 불러주네.
처마 밑을 배회하며 때때로 약을 내리노니*
차 화로의 연기는 전자篆字 글씨처럼 피어오르네.

不算甜中與苦邊 天風一笠亦隨緣 飄零白髮三千丈 折磨紅塵六十年

我愛沈冥頻中聖 人憐遠謫漫稱仙 蹦跚簷底時行藥 消受茶爐伴篆烟

출전: 『완당전집』 권9

해설 이 시는 김정희가 제주도에 귀양 가서 있을 때인 60세 무렵(1845)에 쓴 것으로 추정된다. 먼 섬에서 오로지 술과 차를 벗하던 시인의 모습이 떠오른다.

• **약을 내리노니**(行藥) 약을 마신 뒤에 약이 내려가라고 거니는 것을 말함. 두보의 시 「복침」伏枕에 "약을 먹고 거니노라니 병이 사르르"(行藥病涔涔)라는 글귀가 있다.

김정희 金正喜, 1786~1856

옛 샘을 길어 차를 시험하다 汲古泉試茶

사나운 용의 턱 아래 박힌 여의주는
〈송풍간수도〉松風磵水圖*에서 따 온 것일세.
성 안팎의 샘물 맛을 시험 삼아 가려보니
제주 사람들도 또한 차를 품평할 수 있을까.

獰龍頷下嵌明珠 拈取松風磵水圖
泉味試分城內外 乙那亦得品茶無

출전: 『완당전집』 권10

해설 이 시 역시 제주도에서 귀양살이를 하던 1840~1848년 사이에 쓴 것이다. 그 내용을 보면 완당이 제주의 샘물 맛을 가려가며 차를 시음하였음을 알 수 있다.

* 〈송풍간수도〉松風磵水圖 명나라 때부터 전해오던 그림이다. 명나라 초기의 승려 종륵宗泐이 이를 두고 읊은 시가 있다.

사진_ **제주도 도순다원**

김정희 金正喜, 1786~1856

강위의 유동정 시에 장난삼아 견주다
戱倣慈屺 遊東井韻

성 안팎 나뉘고 우물길 비껴 있어
비근飛根과 수옥漱玉˙이 집집마다 다 있구나.
육우의 『다경』에서 글을 배우다가
두번째 탕을 끓여 차에 뜬 거품을 시험하네.

城內外分井路斜 飛根漱玉盡家家
且從鴻漸書中補 第二湯來試白花

출전: 『완당전집』 권10

해설 전체 3수 중 둘째 수이다. 이 시는 제주도 귀양살이에서 돌아온 뒤 다시 북쪽 변방인 북청으로 유배 간 1851년경에 쓴 것인 듯하다. 조선 후기의 시인인 강위姜瑋는 27세 때인 1846년 제주도에 유배되어 있던 김정희를 찾아가 공부한 바 있다.

• **비근飛根과 수옥漱玉** 비근은 나무뿌리 밑에서 솟아나는 샘. 『운급칠전』雲笈七籤에 "황화차를 마시고 비근을 마시네"(口啜皇華 仰餐飛根)라 하였다. 수옥은 샘물이 암석에 부딪혀 나는 옥 소리. 육기陸機의 시 「초은」招隱에 "산골물 하도 맑고 폭포는 옥을 부딪치는 듯"(山溜何冷冷 飛泉漱鳴玉)이라 하였다.

김정희 金正喜, 1786~1856

요선의 「동정」 시에 화답하다 和堯仙東井韻

옥천 선생의 일곱 사발* 차를 시험하고 돌아오니
성문 동쪽에서 나막신 바닥의 이끼가 다 닦였네.
늙은 몸은 집 안에 고요히 앉아
구리병에 담긴 수부水符*만 관리하네.

마음 맑게 하는 칠언시로 아름다운 시상 그려내느라
세 사람 벼루 위 이끼를 시원하게 씻어냈네.
그대의 집에 상 턱을 내지 않을 수 없는 일
눈앞에서 술 살 돈을 내라고 재촉하네.[1]

玉川七椀試泉廻 浣盡城東屐底苔

老子寥寥屋中坐 銅瓶只管水符來

淸心七字綺思廻 快洗三家硯上苔

• **옥천 선생의 일곱 사발**(玉川七椀)　옥천은 당나라 시인 노동. 일곱 사발은 차의 효용을 말한다. 노동의 시 「맹 간의가 햇차를 보내준 것에 사례하다」(謝孟諫議寄新茶)에 "한 사발을 마시면 목구멍이 축축해지고 …… 일곱 사발을 다 마셔도 얻은 것은 없지만, 오직 양쪽 겨드랑이 아래에서 맑은 기운이 나옴을 깨달을 것이다"라고 했다.
• **수부水符**　물을 길어오게 심부름을 보낼 때 쓰던 징표. 이학규의 시 「겨울밤 차를 끓이다」의 역주 참조(이 책 120쪽).

賞捧君家消不得 面前催進藿錢來

[1] 요선 유치전이 날마다 동정東井에 가서 큰 사발로 일곱 잔을 마시고 그로 인하여 수과水課를 지었는데, '동정 일곱 사발로 마음을 맑힌다'는 글귀가 있어 매우 아름다웠다. 그래서 그 대인에게 읊어주고, 돈을 내어 술과 음식을 마련해서 동인들을 먹이고 마을 서당의 장원례하는 고사를 갖추게 하였다. 그러자 대인은 기뻐하여 볼이 터지도록 웃어젖히며 거짓 못 믿는 체하니, 제 밭의 곡식이 크다는 걸 믿지 않듯 자식이 장원했다는 사실을 믿지 못하는 듯하였다. 나의 희작은 전운을 이어 화답한 것이다(堯仙 日日往東井 飮七大椀 仍作水課 有東井七椀淸心之句 甚佳 誦與其大人 使之出藿錢 具酒食以餉同人 備村學魁禮故事 其大人喜 面滿臉堆笑 佯若不信 可謂莫知其苗之碩也 余之戲作 纖和前韻).

출전: 『완당전집』 권10

해설   요선堯仙 유치전兪致佺은 김정희가 북청에 유배되어 있을 시절(1851~1852)의 제자이다. 아마도 북청에는 동정東井이라는 맛 좋은 샘이 있었던 듯, 유치전은 그것을 소재로 시를 지었고, 이 시는 김정희가 유치전의 그 시의 운을 따라 지은 것이다. 시의 말미에 쓴 원주를 보면 김정희의 익살스런 모습을 그려볼 수 있다.

김정희 金正喜, 1786~1856

차에 대한 일을 이미 쌍계사에 부탁하고
茶事已訂雙溪……

쌍계사 봄빛에 차 인연이 오래니
제일 가는 두강차는 옛 탑에 빛나네.
늙은이 탐냄이 많아 이것저것 토색하여
오신반五辛槃*에 향기로운 김 줄 것을 또 약속했네.

雙溪春色茗緣長 第一頭綱古塔光
處處老饕饕不禁 辛盤又約海苔香

출전: 『완당전집』 권10

원제　차에 대한 일을 이미 쌍계사에 부탁하고, 또 광양에서 동지 전에 일찍 딴 김을 관화와 언약하여 신반에 미치도록 부치라고 하였는데, 모두 입으로 들어가는 것을 장만하는 일뿐이라 붓을 놓고 한번 웃다. 茶事已訂雙溪 又以光陽至前早採海衣 約與貫華 使之趁辛槃寄到 皆口腹間事 放筆一笑

* 오신반五辛槃　원래 봄을 맞아 입춘에 먹는 다섯 가지 매운 맛이 나는 채소를 말하는 것으로, 여기서는 입춘일을 가리킴.

해설　김정희가 북청 유배살이를 끝내고 돌아온 1852년 이후에 쓴 시인 듯하다. 쌍계사는 지리산에 있는 절로 이 절 밑의 골짜기가 차의 산지이다. 그곳에서 나는 두강차와 함께 광양에서 나는 김을 관화貫華라는 스님에게 부탁하며 쓴 시이다.

김정희 金正喜, 1786~1856

만허에게 장난삼아 바치다 戲贈晚虛(並序)

만허가 쌍계사 육조탑 아래 사는데 차를 만드는 솜씨가 뛰어났다. 그 차를 가지고 와서 맛보이는데 용정차나 두강차라 할지라도 이보다 나을 수 없으니, 향적주 가운데에는 아마도 이러한 무상의 묘미가 없을 듯하다. 그래서 찻종 한 벌을 주어 그로 하여금 육조탑 앞에 차를 공양하게 하고 아울러 석란산에 있는 여래금신 진상이 육조의 금신과 서로 같다는 걸 말해, 『열반경』의 일고여덟 갈래로 얼키고설킨 갈등 같은 것을 풀어줄 수 있었다. 근자에 어떤 애꾸눈 스님이 쌍부雙趺의 한 공안公案*만을 견지하며 심법을 전한 것으로 여기기까지 해서, 나도 모르게 큰 웃음이 터져 차를 내뿜고 말았다. 이것을 스님이 또 목격하고 갔다. 승련노인勝蓮老人이 쓰다.

晚虛住雙溪寺之六祖塔下 工於製茶 携茶來餉 雖龍井頭綱 無以加也 香積廚中 恐無此無上妙味 仍以茶鍾一具贈之 使之茗供於六祖塔前 並說錫蘭山如來金身眞相 與六祖金身相同 如涅槃經之七藤八葛 可以解黏脫縛 近有一瞎師 堅持雙趺一案 至以爲傳心 不覺噴茶大噱 師又目擊而去 勝蓮老人記荊

---

* **쌍부雙趺의 한 공안公案**　공안은 화두이다. 『열반경』涅槃經에 부처가 눈을 감을 때 제자 아난이 더이상 가르침을 받을 수 없게 되었다고 슬퍼하자 스스로를 법으로 삼으라 하였고, 5백 비구들이 예배를 하자 부처의 두 발이 관 밖으로 불쑥 나왔다고 한다. 애꾸눈 스님이 이 쌍부雙趺의 고사를 화두로 삼았다는 의미이다.

열반이란 마설로 영원의 세월 보내니
다만 스님에겐 성한 눈의 선禪이 귀하다.*
차 만드는 일에다 참선 배우는 일을 아울러
원만한 육조탑의 광채를 사람들에게 권하는구려.

涅槃魔說送驢年　只貴於師眼正禪
茶事更兼參學事　勸人人喫塔光圓

출전: 『완당전집』 권10

해설　김정희가 북청에서 귀양살이를 하고 돌아온 1852년 이후에 쓴 시인 듯하다. 만허는 쌍계사에 있던 스님으로, 시의 서문을 보면 차를 만드는 솜씨가 무척 뛰어났음을 알 수 있다. 약간 해득하기 어려운 내용이기는 하지만 차 만드는 일을 참선의 경지와 동일시하고 있음을 볼 수 있다.

• **성한 눈의 선禪이 귀하다**　해괴한 화두를 고집하는 것은 애꾸로써 상을 바로보지 못하기 때문이니 두 눈을 모두 가진 일반 선승처럼 반듯한 화두로 참구하는 것이 귀하다는 의미이다.

김명희 金命喜, 1788~1857

초의에게 차를 받고 사례한 시

늙은 사내 평소에 차를 좋아하지 않았기에
하늘이 그 어리석음 미워해 학질에 걸리게 했도다.
더위 죽는 것은 걱정 없으나 목말라 죽는 것은 근심이라
급히 풍로에 찻잎을 끓여 마셨노라.
북경에서 들여온 차는 가짜가 많은데
향편이니 주란이니 하며 비단으로 쌌도다.
내가 듣기로는 좋은 차는 예쁜 여인과 같다는데
하녀와 같은 차 추하기 더욱더 심하구나.
초의가 홀연 우전차를 보내왔기에
대껍질로 싼 새매 발톱 같은 좋은 차 손수 개봉했네.
울울함과 번뇌 씻어주는 공효 더할 나위 없고
그 효과 빠르고 산뜻하기 어찌 이리 크리오.
노스님은 차 가리기를 마치 부처님 고르듯 하였으니
일창일기一槍一旗*만을 엄격히 지켜 땄네.
더욱이나 찻잎 덖기를 정성들여 원통圓通함을 얻으니
향기와 맛 따라 바라밀 경지에 들게 하였다.

이 비법은 500년 만에 처음으로 헤쳐냈으니
그 복이 옛사람의 하늘보다 낫지 않으랴.
그 맛이 순수한 우유보다 크게 좋음을 분명히 알겠으니
부처님 입멸 전에 태어나지 못했음을 한스러워할 것 없네.
차가 이렇게 좋은데 어찌 사랑하지 않겠는가
노동의 일곱 사발 차가 오히려 적다 하리라.
가벼이 바깥 사람들에게 말하지 말게.
다시금 산속의 차에 세금 매길까 두렵다네.[1]

老夫平日不愛茶　天憎其頑中癃邪　不憂熱殺憂渴殺　急向風爐淪茶芽
自燕來者多脣品　香片珠蘭匣以錦　曾聞佳茗似佳人　此婢才耳醜更甚
芔衣忽寄雨前來　籑包鷹爪手自開　消壅滌煩功莫尙　如霆如割何雄哉
老僧選茶如選佛　一槍一旗嚴持律　尤工炒焙得圓通　從香味入波羅蜜
此祕始抉五百年　無乃福過古人天　明知味勝純乳遠　不恨不生佛滅前
茶如此好寧不愛　玉川七椀猶嫌隘　且莫輕向外人道　復恐山中茶出稅

[1] 학질을 앓고 갈증이 심하여 신령한 차를 구했더니, 요사이 북경의 저자에서 사왔다는 것은 수놓은 비단 주머니에 싸서 한갓 겉꾸밈만 힘썼을 뿐 썩은 가지에 단단한 잎이 입에 넣고 마실 수 없었다. 이때 초의가 보낸 차를 얻었는데 새매 발톱과 보리알 같은 찻잎은 모두가 곡우 전에 딴 것으로 품질이 훌륭했다. 한 그릇을 마시기도 전에 답답함을 씻고 갈증을 해소시키니 마치 전욱顓頊의 갑옷으로 이미 90리 거리쯤 물러난 것이다. 고려 때는 차를 심어 공물로 바치게 했고 궁중의 하사품도 모두

• 일창일기一槍一旗　차나무에서 잎이 자랄 때 맨 처음 트는 싹. 차의 최상품. 우리나라에서는 하지 전후에 딴 찻잎이 이에 속한다.

차였는데 조선조 500년 동안에는 우리나라에 차가 있는 것을 몰랐으니, 따고 덖는 오묘함이 삼매에 들게 한 것은 초의에게서 시작됐다. 그 터득한 공덕은 참으로 한량이 없다. 산천노인이 병든 팔뚝을 시험했다(病癃渴甚 乞靈茗椀 近日燕肆購來者 錦囊繡包 徒尙外飾 麗柯梗葉 不堪入口 此時得艸衣寄茶 鷹爪麥顆 儘雨前佳品也 一甌未了 頓令滌煩解渴 顒氏之冑 已退三舍矣 麗朝令植茶土貢 內賜皆用茶 五百年來 不識我東有茶 採之焙之妙 入三昧 始於艸衣 得之功德 眞無量矣 山泉老人試病腕).

출전:『초의시고』

해설 김명희가 초의 선사에게서 차를 선물받고 그 사례로 쓴 것으로,『초의시고』에 덧붙여 수록된 시이다. 원래 제목은 알 수 없다. 1850년경의 작품이다. 그 내용을 보면, 자신이 차를 즐기지 않아 학질에 걸렸으며, 중국에서 들여온 차에 비해 초의 스님이 보내준 우전차는 거의 바라밀의 경지라는 것이다. 또 말미에 붙인 이 시의 원주를 보면, 고려 때는 차를 공물로 바쳤고 궁중에서 차를 하사품으로 내렸음을 알 수 있다.

황상 黃裳, 1788~1863

차를 구걸하며 乞茗詩

육우의 좋은 차 명성만 들었고
건안의 승부는 전설만 들었지.
승뢰배수乘雷拜水*의 칭송 귀에 따갑건만
초의 선사가 잡꽃을 따서 만든 차만 못하네.
대잎과 함께 덖어 새로운 경지 창출했으니
북원北苑* 이후로 차의 묘법 집대성한 것이지.
명선茗禪이란 아호는 학사께서 준 것이고[1]
초의草衣라는 이름은 선생에게서 들었네.[2]
나의 골짝이 남령南零에 미치지 못하지만
그나마 살샘(箭泉) 아래엔 거처할 만하지.[3]
그대여 부디 아끼지 마오, 붉은 녹용 향기가
게눈이 일어나고 솔바람 소리 들릴 제 욕심과 번뇌 가득한 내장을

---

* **승뢰배수乘雷拜水** 우레가 칠 때 잎을 따서 물에 절하고 법제한 차. 「동다송」 원주 19 참조 (이 책 178쪽).
* **북원北苑** 송 인종 때부터 좋은 차의 질을 확보하기 위해 궁중의 북원에서 제조시켰다.

서너 차례 씻어 내리는 것을.

陸羽善茶但聞名 建安勝負獨傳聲
乘雷拜水徒聒耳 不如草師寡衆英
竹葉同炒用新意 北苑以後集大成
茗禪佳號學士贈 草衣茶名聽先生
我溪不及南零者 猶能可居箭泉下
請君莫惜紫茸香 魚眼松風塵肚俗腸三廻四廻瀉

[1] 추사가 명선이라는 호를 주었다(秋史贈茗禪之號).
[2] 서산차 가운데 좋을 것을 초의차라고 한다(西山茶之善者謂之草衣茶).
[3] 여래 태자 당시 백 리에 북을 세워놓고 화살 한 대를 쏘니 그 화살이 일곱 개의 북을 뚫고 땅으로 들어갔다. 그곳에서 샘물이 솟아올랐는데, 병든 사람이 이 샘물을 마시면 모두 나았다. 이 샘을 살샘이라고 한다(如來太子時 竪百里鼓 放一箭 透七鼓 箭入地 泉水湧出 病人飮則皆愈 名箭泉).

출전: 『치원유고』梔園遺稿 권2

해설 명선茗禪은 추사 김정희가 초의 선사에게 준 호로, 차를 너무나 좋아하여 지어준 것이다. 그 초의가 이름 모를 풀꽃을 따서 차를 만드니 그 차의 향기로움이 말로 할 수 없어 누구의 명차들도 짝이 될 수 없을 정도이다. 또 그 차를 맑은 샘물에 달여 마시니 욕심과 번뇌가 말끔히 씻기는 듯하다고 하였다.

조병현 趙秉鉉, 1791~1849

차를 달이며 煮茗 聯句

살아 있는 물로 새 차를 끓이니
맑은 향이 푸른 창에 스며드네. (어제)
소천蘇泉은 제2등급이요
도설陶雪은 더없이 좋은 경치. (조병현)
개산동에서 따온 찻잎에다
양자강에서 길어온 찻물. (서희순)
꽃다운 향은 술자리에 이어졌고
끓는 소리는 책 등잔에 들려오네. (윤정현)
도사는 잠자다가 막 깨고
열관熱官은 기운이 내려가네.* (김흥근)
좋은 차 제공하노니 소갈병에 좋고
적막을 달래노니 발자욱 소리 기뻐라. (남병철)

---

* **열관熱官은 기운이 내려가네** 열관은 '권세 있는 관직'이라는 뜻이다. 공무가 많은 고관이 업무에 치여 상기되었다가 차를 마시고 쉬자 기운이 내려간다는 의미로 이해된다.

곡우에 광주리 가득 따매
솔바람 소리 돌솥에 넘치네. (조봉하)
게눈이 생기는 걸 자세히 바라보며
한 사발 차로 시 창자를 씻노라. (어제)

活水烹新茗　淸香透綠窓 (御製)

蘇泉知第二　陶雪賞無雙 (趙秉鉉)

採取芥山洞　汲來楊子江 (徐憙淳)

芬芳連酒席　澎湃聽書釭 (尹定鉉)

道士眠初醒　熱官氣欲降 (金興根)

供滋宜渴病　酬寂喜空跫 (南秉哲)

穀雨盈筐簍　松濤沸石缸 (趙鳳夏)

細看生蟹眼　一椀澆詩腔 (御製)

출전: 『성재집』成齋集 권6

해설　이 시는 차를 달이며 임금과 신하들이 돌아가며 연구聯句를 지은 것이다. 바로 앞에 수록된 시들이 정미년(1847)에 지어진 사실로 볼 때, 여기서 임금은 아마도 헌종(재위, 1834~1849)이 아닌가 추측된다. 차를 애호하는 문화가 궁중에 두루 퍼져 있었음을 엿볼 수 있는 자료이다.

유한당 홍씨 幽閒堂 洪氏, 1791~?

삼가 차운하다 敬次

벼루를 막 열자 밤이 시를 재촉하는데
북두칠성 하늘에 걸리고 달은 더디 돋누나.
높은 누대 위에 등을 걸고 한가롭게 앉아
눈을 보며 차를 달이는 그 즐거움 즐기네.

初開寶硯夜催詩 星斗橫天月出遲
掛燈閒坐高臺上 看雪烹茶樂自知

출전: 『유한집』幽閒集

해설 북두칠성이 밝고 달이 더디 돋는 밤, 한가롭게 앉아 내리는 눈을 보며 차를 달이는 고요한 운치가 돋보이는 작품이다.

이만용 李晩用, 1792~1863

동랑 한치원이 황매다고를 보내오다
韓冬郎致元見餉黃梅茶膏……

미인과 보검과 준마는
모두가 원하는 것이라 값을 논하지 않지만,
나의 결벽함은 세상과 달라
명차 한 사발로 천하를 가볍게 여기지.
연하의 고질로 서른 해를 보내노라니
흉중의 벽비碧痞*엔 산천이 엉겼노라.
백약으로 처방해도 고칠 수 없으매
오장이 채소 밥상 앞에서 허기를 호소하네.
더구나 심장에서 시편을 토해내니
혁대는 날로 줄고 옷도 줄어드네.
마음은 번뇌로 황폐해졌는데
동천은 훤하게 개벽하려 하네.

• **벽비**碧痞 자연을 지나치게 좋아하는 병을 말한다. 연하고질煙霞痼疾, 천석고황泉石膏肓 등과 같은 의미로 쓰이는 말이다.

홀연히 차를 가지고 찾아오시니
그 이름 황매차 몹시도 훌륭하지.

美人寶刀與駿馬 衆所同欲不論價
而我潔癖異於俗 名茶一甌輕天下
煙霞痼疾三十年 胸中碧痞凝山川
爭試百藥消不得 臟神訴饑盤蔬前
況復嘔詩心肝出 帶圍日瘦衣減尺
靈臺煩惱塞榛蕪 洞天晃明思一闢
忽見佳茗携相過 黃梅名字奇已多

출전: 『동번집』東樊集 권2

원제 동랑 한치원이 황매다고를 보내오고 아울러 시도 부쳐왔기에 후산后山 진사 도陳師道의 「고헌과도」의 운을 순서대로 따라 지어 사례하다. 韓冬郎致元見餉黃梅茶膏 兼有詩 走次陳后山 高軒過圖韻 謝之

해설 천하의 모든 호걸남아가 미인과 보검과 준마를 최고로 치지만, 작자는 한 사발 차를 천하보다 귀중하게 여긴다. 늘 채소만 먹는 산중의 빈한한 생활에서도 차를 마실 수 있어 번뇌를 씻을 수 있다는 작자의 말에서 자연에 대한 친화와 차에 대한 사랑이 깊이 배어나옴을 느낄 수 있다.

이만용 李晚用, 1792~1863

금강산 폭포물로 달인 병차[1] 한 덩이를 숯불에 달이니 산향이 짙어라
金剛之瀑煉成餅活烹一粒山香多

혀끝의 쏘는 맛이 가슴속을 뚫으니
강직하긴 급암汲黯* 같고 쏘기는 상앙商鞅* 같지.
단봉차와 소룡차를 하인으로 거느리니
육우의 『다경』이나 두우杜佑의 전傳인들 더 나을쏘냐.
오래 마시면 묵은 병을 낫게 하니
땔감 모아 혼자 끓이며 때때로 마시네.
한번 술에 찌든 위를 씻어 취한 술을 깨우고
다시 속된 가슴 씻어 창공처럼 푸르게 하네.
갈증을 씻어줌은 귀신처럼 빠르고
한낮의 창窓에는 솔바람 소리 새로워라.
일곱 사발에 노래 마치고 신선되어 날아가니

• **급암汲黯** 한나라의 강직한 신하이다. 한 무제 때 구경九卿으로 있으면서 임금 면전에서도 거침없이 바른말을 하였다. 그래서 『사기』史記 「급암열전」汲黯列傳에는 "심하도다. 급암의 강직함이여"(甚矣 汲黯之戇也)라는 말이 있다.

• **상앙商鞅** 전국시대 위衛나라 출신의 법가. 진秦나라 효공을 도와서 법령을 제정하였으나, 법을 너무 가혹하게 하다가 마침내 미움을 받아 거열형車裂刑을 당했다. 반고班固는 『한서』漢書 「상앙열전」商鞅列傳에서 "상앙이 삼술三術을 끼고 효공을 못살게 굴었다"(商鞅挾三術以鑽孝公)라고 하였다.

휘장 아래 술 마심*은 정말 어리석은 사람이지.

舌頭苦硬鬲底暢 戇則如黶鑽如靰 隷視團鳳奴小龍 陸經杜傳敢居上
久服當令昔疾平 拾樵自煎時時傾 一浣酒胃醒大白 再洗塵髓流空靑
除去消渴捷如神 午窓松風聞更新 七椀歌罷登仙去 淺斟低唱眞癡人

[1] 이 차는 본디 금강산에서 나는데, 금강산 산승이 만폭동 폭포수를 가지고 달여서 고를 만들었다(此茶本出金剛山 山僧以萬瀑洞水煉之爲膏).

출전: 『동번집』 권2

해설 금강산에서 나는 차의 성질이 강하고 쏘기에 급암과 상앙에 비겼다. 작자의 재치와 차의 맛에 대한 깊은 식감을 짐작할 수 있는 작품이다. 단봉차와 소룡차를 하인으로 거느릴 정도라고 하는 것으로 보아, 이미 이때 우리나라에도 중국의 명차를 능가하는 차들이 많이 만들어졌던 모양이다.

• **휘장 아래 술 마심** 송나라 때 한림학사 도곡이 일찍이 당 태위 집의 기녀를 얻어, 정도定陶에 들러 눈 녹인 물을 가져다 차를 끓이면서 그 기녀에게 "당 태위의 집에서는 응당 이런 풍류를 모를 것이다"라고 하였다. 그러자 기녀가 대답하기를, "저 당 태위는 거친 사람이니 어찌 이런 풍류가 있겠습니까마는, 다만 소금난장 아래에 앉아 천천히 술을 따르면서 미인의 고운 노랫소리를 들으며 양고미주를 마실 뿐이랍니다(彼粗人也 安有此景 但能銷金暖帳下 淺斟低唱 飮羊羔美酒耳)"하니, 도곡이 그 말에 부끄러움을 느꼈다고 한다.

숙선 옹주 淑善翁主, 1793~1836

우연히 읊다 偶吟

시냇가 푸른 이끼 낀 돌에 앉아
솔잎 태워 차를 달인다.
차 마시며 다시 시를 읊노라니
꽃 사이로 흰 나비가 노니누나.

澗邊坐靑苔 烹茶燒松葉
傾盃復吟詩 花間戱白蝶

출전: 『선언실권』宣言室卷

해설 깨끗하고 고운 여성적 정조가 두드러지는 시이다. 가난한 선비의 안빈낙도풍 시와는 달리 제법 호화로운 냄새도 날 뿐 아니라, 나비의 동선에서 여성적 선율마저 느껴지는 작품이다.

홍현주 洪顯周, 1793~1865

북사 시축에 차운하다 次北社軸中險韻

요즈음 듣자니 봄이 되어 시 모임 흥겨워져
매화나무 아래로 달빛 아래로 서로 불러 모인다지.
경치는 남쪽과 북쪽 마을 다르지 않고
밝은 빛은 백 개 천 개의 등불이 자재自在하도다.
다만 아름다운 시구 탐닉하느라
홀로 맑은 풍모 자임하여 물처럼 차구나.
변변찮은 시*로는 그대의 노래에 화답하지 못하지만
꽃 따라 버들 찾아 놀기는 잘할 수 있지.

괴롭게 시 읊고 거침없이 비평하는 사이
안개 빛 노을 기운 눈썹에 오른다.
집에 소장한 1만 권은 서생의 부유함이고
배 가득 돌 실음*은 태수의 청렴이로다.

---

* **변변찮은 시** 원문은 하리下里이다. '하리'는 옛날 초楚나라 악곡 이름인데, 수준이 낮은 유행가 비슷한 노래였다. 여기서는 자신의 시를 겸손하게 낮추어 비유한 표현이다.

그림 용마가 아니라 진짜 용인줄 믿지 않았더니
본디 하얀 것이 새 명주보다 나음을 마침내 알겠노라.
오지항아리로 멀리서 산속 샘물 길러 가서
남쪽 고을 좋은 차 달이는 겸謙 스님이 생각난다.

뒷날과 오늘날, 지금과 옛날이 모두 슬픈 사내
꽃다운 마음 아직 늙은 나무에 남아 있음을 이상하게 생각지 마오.
시내의 차싹은 봄을 쫓아 참새 혀처럼 뾰족하고
상강湘江의 주렴은 달빛 받아 하수蝦鬚* 처럼 차구나.
그림은 경계境界에 핍진하여 응당 하늘이 울겠고
시는 사람을 놀래키려 하여 바다까지 마르게 하네.
도경 보기를 끝내고 손을 드리우고 앉으니
이삭처럼 오르는 화로의 연기 깨끗하여 없는 듯하다.

近聞詩社及春興 梅下相招月下膺 雲物不殊南北里 光明自在百千燈
秪耽佳句癯於鶴 獨任淸標冷似水 下俚未堪攀郢調 尋花問柳我猶能

詩思苦廻諫果甜 烟光霞氣上眉尖 家藏萬卷書生富 石載全船太守廉
未信眞龍非畫馬 終知故素勝新縑 瓷罌遠汲山泉去 佳茗南州憶老謙

• **배 가득 돌 실음** 신위가 상산象山에서 벼슬을 마치고 돌아올 때, 배에 가득 돌을 싣고 온 것을 빗대어 한 말.
• **하수蝦鬚** 새우의 수염이란 말로, 바닷속 용궁 보물 창고의 주렴을 의미한다.

後今今昔摠悲夫 休怪芳心尙老株 溪茗趁春尖雀舌 湘簾承月冷蝦鬚

畵能逼境應天泣 詩欲驚人抵海枯 看罷道經垂手坐 爐烟一穗澹如無

출전: 『해거재시집』海居齋詩集 불휴권不休卷

해설   1836년경의 시이다. 북사北社는 서울 북쪽에서 벌어지던 시 모임을 말한다. 이 모임의 구성원이 누구였는지는 알 수 없으나, 시를 짓는 일과 함께 차를 즐겼음을 알 수 있다.

홍현주 洪顯周, 1793~1865

참판 김양순의 회갑 축시

赴金健翁參判(陽淳 元晦)晬席

예사로이 다니는 곳에 큰 영화 있으니
그대 집에 우뚝 솟은 빛 우리 집과 같다.
옛집 푸른빛에 아름다운 기운 남고
작은 뜰 남은 무지개에 비단 노을 흩는다.
여기에 누각 좋으니 손님 초청함이 마땅하고
샘물이 달기가 이러하니 차가 없어 되겠는가?
시를 짓고 싶어지는 마음 현묘한 경계로 접어들어
빈 뜰에 까치가 모래를 쪼고 있는 것을 주목하네.

푸르게 지워지던 무지개 지나는 비에 되살아나고
비뚜름한 모자에 옷도 풀어 헤치고 이웃을 부른다.
맑은 술은 효자가 아내와 상의해 장만한 것이고
반가운 손님 대접한 흰쌀밥은 배불러 종까지 주네.
신선 같은 자태 청춘같이 아직 남아 있음을 보니
부처의 힘이 넌지시 도와주었음을 응당 알겠네.[1]
우리 집에서 이 자리에 가기 멀지 않으니
그림 같은 소나무 문을 쉬이 알겠네.

술 깨고 차 마셨으나 향그런 연기 남아 있고
다시금 시를 쓰려니 밤이 새려 하네.
말이 더러 바르지 못해도 그러려니 듣고
눈은 능히 사물을 균등하게 하여 모두 평등하게 본다.
산중재상은 풍류도 많고
자리에 앉은 친구는 예의가 너그럽네.
숲의 푸르름이 발에 가득 차니 뜰은 물 같아
짐짓 밝은 달을 다락 끝에 있게 했네.

1만 점 꽃잎 날아 바삐 물을 건너다가
우연히 한 조각이 평상에 떨어진다.
신선이 되기에는 아직 한창 청춘이고
시사詩社를 즐기기엔 해가 많이 남았네.
아름다운 새들은 시에 화답하러 그윽한 골에서 나오고
키 작은 나귀는 손님을 남겨두고 수양버들에 매여 있네.
지금의 아름다운 모임 서로 이어 실행하면
동산 길 피어난 향기 늦게까지 남을 거라네.

行處尋常有太華 君家嶽色似吾家 舊宮積翠餘佳氣 小院殘紅散綺霞
樓好於斯宜速客 泉甘如許可無茶 詩情轉入玄虛境 注目空庭雀啄沙

剩碧殘紅過雨蘇 欹巾散服隔鄰呼 酒淸孝子謀諸婦 飯白嘉賓飽與奴
卽見仙姿春尙在 應知佛力暗相扶 我家從此行無遠 易識松門似畵圖

酒醒茶歇篆烟殘 更欲題詩夜向闌 語或不經姑妄聽 眼能齊物盡平觀
山中宰相風流甚 座上賓朋禮數寬 林翠滿簾庭似水 故敎明月在樓端

萬點花飛度水忙 偶然一片落人牀 蓬壺信息靑春遠 鄰社風流白日長
好鳥和詩出幽谷 短驢留客繫垂楊 從今雅集行相續 園逕猶餘晚發香

[1] 김양순의 회갑날은 이해 4월 8일이다. 그리고 그 맏아들이 날을 나누어 잔치를 베풀고 널리 친척과 빈객을 초청하였는데 이번도 그 하나이다(健翁周甲 是年四月八日 而其胤子分日設筵 廣延親戚賓客 此其一也).

출전: 『해거재시집』 불휴권

해설 이조 판서를 지낸 김양순의 회갑잔치에서 지은 축시로 1836년경의 작품이다. 아마도 김양순의 집에 맛이 단 샘물이 있었던 듯, 술을 마신 뒤 그 샘물로 차를 끓여 마시고, 또 시를 지어 회갑을 축하하던 모습을 그려볼 수 있다.

홍현주 洪顯周, 1793~1865

남산 산장의 관등절날 저녁 南莊燈夕

1만 집의 초롱불 막 피어오르니
기뻐하는 나그네 층계에 이르네.
생황 노래 소리 어느 곳에서 요란한가
술병과 벼루는 여기서 한가히 놓였는데.
단출한 여염에 고요히 앉아
열두 거리 고루 바라보네.
붉은 불꽃 기운 다시 살피고는
차 솥에 마른 나무 지피네.

萬戶燈初上 欣然客到階　笙歌何處沸 樽硯此閒排
靜坐尋常屋 平臨十二街　更看紅燒別 茶鼎煮枯柴

출전: 『해거재시집』 우불휴권又不休卷

해설　관등절은 석가모니불이 태어난 음력 4월 초파일인데, 이날 집집마다 지붕 위 장대 끝에 그 집 여자의 숫자대로 초롱을 달고 관등놀이를 하며 관등연을 베푼다. 이 관등절 풍속을 읊은 시이다. 1841년경의 시이다.

홍현주 洪顯周, 1793~1865

이경재의 금계산장*을 빌려 借李尙書(景在)……

자연이나 인간사는 예나 지금이 같으니
바람과 비가 서로 소식을 전하네.
제비는 삼월 중순에 돌아오고
띳집은 온갖 꽃 속에 있네.
산을 보고 비로소 시가 그림 같음을 깨닫고
차를 마셔보고 비로소 샘물의 공덕 알았네.
어지러운 바위와 그윽한 솔숲에 나갈 길 잃었으니
은자의 집이라 어디가 동인지 어디가 서인지.

天時人事古今同 風雨相將信息通 燕子歸來三月半 茅齋寄在百花中

看山始悟詩如畵 試茗方知泉有功 亂石深松迷出處 幽棲不自解西東

출전: 『해거재시집』 우불휴권

원제 이경재의 금계산장을 빌려 열흘을 머물고 약농 홍성모洪成謨와 함께 두시에 차운하다. 借李尙書(景在) 金雞山莊留一旬與葯礱共次杜律

• **금계산장**金雞山莊   서울 서대문구 현저동 산에 있던 이경재의 산장. 이곳 아래에 무악 약물터가 있었다.

해설　이경재李景在는 고종 초년에 영의정까지 지낸 인물이며, 홍성모는 글씨와 시에 뛰어난 인물로 뒤에 『해거재시초』海居齋詩鈔(필사본)를 교열하였다. 이 시에서는 이경재의 금계산장에서 차를 마시고, 그곳의 샘물을 칭송하고 있다. 1851년경의 시이다.

홍현주 洪顯周, 1793~1865

손자 홍승억의 시에 차운하다 孫兒日課一詩……

녹음방초 우거진 만백성의 집
곳곳에서 생황 소리 해 저물도록 들리네.
낮잠에서 막 깨어나니 차가 반쯤 끓고
발은 석양빛에 석류꽃처럼 아롱지네.

綠陰芳樹萬人家 幾處笙歌到日斜
午夢初醒茶半熟 一簾紅映石榴花

출전: 『해거재시집』 우우불휴권又又不休卷

원제 손자가 일과로 시 한 편씩을 지었는데, 흥이 날 때면 그 시에 차운하였다. 孫兒日課一詩 興至則次其韻

해설 전체 26수 중 넷째 수이다. 홍현주는 가까운 형제나 친구들이 작고한 뒤로 손자 홍승억洪承億을 시우로 삼았던 듯, 곧잘 손자의 시에 차운하곤 하였다. 이 시는 그중 하나로, 낮잠에서 일어나 찻물 끓는 소리를 들으며 지은 것이다. 1860년경에 지은 시이다.

홍현주 洪顯周, 1793~1865

방옹 육유陸游의 시에 차운하다 次放翁東齋夜興……

22

세차게 내리던 눈비가 개고
아침 해가 눈 머금은 구름을 흩는다.
시내는 유리 조각 모아놓은 듯하고
소나무는 비단에 수놓은 무늬처럼 펼쳐 있네.
차가 따뜻하니 화로가 있고
매화가 피니 향기가 끼쳐오네.
마침 시 벗을 찾으려 하는데
술 앞에서 그대 보니 반갑구나. (「눈 내린 뒤」시를 차운함.)

餘霏落晴雪 朝日散同雲 溪合琉璃片 松披錦繡紋

茶溫爐火在 梅放龕香聞 正欲尋詩伴 樽前喜見君 (次雪後)

26

신선도 평평한 땅에 있고
바다와 산악에 또한 인간 있다.
병이 적어 참으로 즐겁고

벼슬살이 쉼이 바야흐로 한가롭네.
졸던 나머지 흰 두루미 길들여보고
차 마심 그만두고 푸른 산 마주하네.
다만 두세 손님 있어
울타리 사이로 서로 갔다가 되오네. (「한가한 흥취」시를 차운함.)

神仙在平地 海嶽亦人間 少病眞爲樂 休官方是閒
睡餘調白鶴 茶罷對靑山 唯有二三客 隔籬相往還 (次閒趣)

29

남산에서 날마다 한적함을 대하니
아침엔 맑은 기운, 저녁엔 푸른 연기.
시객은 술잔 물고 눈 부릅뜬 채 앉아 있고
차 끓이는 아이 불을 불다 머리 떨구고 조네.
쇠잔한 노을 떨어지는 곳 모두 붉은 나무인데
멀리서 기러기 올 때는 오직 푸른 하늘뿐.
동쪽 울타리 아래 몇 떨기 국화야
서리 내리기 전 노오란 꽃을 피워주렴. (「산골 정자에서」시를 차운함.)

南山日日對悠然 朝是晴嵐暮翠烟 詩客銜杯瞪目坐 茶童吹火垂頭眠
殘霞落處皆紅樹 遠鴈來時但碧天 寄語東籬數叢菊 黃華開趁下霜前 (次山樓卽事)

33

농장 빈터에 새로 초가집 한 채 지으니
동산의 늙은이와 시냇가의 벗이 날마다 사귀자 하네.
구름은 돌아가 온 산에 편히 의지하고
바람은 잠잠하여 가늘고 긴 대나무 가지에 편안하네.
당唐 이전의 시구를 소리 높여 읊고
차 끓일 물은 골짝 우묵한 데서 긷네.
몇 년 사이 장생술 배우고자
선방仙方을 가져다 손수 베꼈네. (「서재의 벽에 쓰다」 시를 차운함.)

隙地新成一屋茅 園翁溪友日論交 雲歸穩藉全山面 風定平安脩竹梢
詩句高吟唐以上 茗泉淸汲谷之坳 年來願學長生術 且取仙方手自抄 (次題齋壁)

38

가서는 남쪽 이랑 벼를 살피고
와서는 동쪽 울타리 꽃에 물을 댄다.
그윽한 대나무 길은 이웃과 통하고
작은 다리는 물가 집의 사이에 있네.
졸렬한 시도 장기 두는 것보단 낫고
옅은 술은 차만 못하네.
산속 붉은 해가 장차 지려 하는데

구름 끝에 기러기 그림자 비꼈네. (「은거하는 집」 시를 차운함.)

往觀南畝稻 歸灌東籬花 幽竹通鄰逕 小橋隔水家
惡詩猶勝博 薄酒不如茶 山日紅將斂 雲端鴈影斜 (次幽居)

출전: 『해거재시집』 우우불휴권

원제   방옹 육유의 시 「동재의 밤 흥취」에 차운하여 춘파 이돈상李敦相에게 주다 (이돈상은 자가 경렴이다. 이하 육유 시를 차운했다). 次放翁東齋夜興 贈李春坡 (敦相 景濂 以下次陸)

해설   전체 57수의 연작시이다. 원제에 나오는 춘파 이돈상은 고종 때 판서를 지낸 인물인 듯하다. 이 시들은 시와 술 그리고 차를 소재로 한 것들로, 1860년경에 지은 것이다.

홍현주 洪顯周, 1793~1865
두보의 「봄날 강마을에서」를 차운하다
次杜少陵 春日江邨

26

가을 하늘 맑기가 물 같고
구름 엷어 그늘지지 않네.
낙엽진 산마을 쓸쓸하고
국화 드리워진 들길 그윽하네.
샘의 공효는 인삼과 창출보다 낫고
차의 향기는 단향목보다 낫네.
도성 문이 가깝다고 말 말라.
한가히 사는 것이 모두 시림市林*일세. (침侵 운)

秋天澹如水 雲薄不成陰 木落山村冷 菊垂野經深
泉功邁蔘朮 茶氣勝檀沈 休道都門近 居閒摠市林 (侵)

• **시림市林** 도성에 살면서도 산림의 선비처럼 속세를 떠난 경지를 말한다. 홍현주는 자신이 사는 집에 익종의 어필을 받아 시림정市林亭이라는 현판을 걸었다.

36

9월엔 해마다 물 마시고 돌아오고
나는 장차 약암 모퉁이에 집을 짓겠네.
어찌 굳이 쌍견차를 구름 맷돌로 갈리오.[1]
빼어난 금로金露*에 받은 이슬 한 잔 마시리.
수많은 묘리와 현허함에 노자老子가 생각나고
시방세계 공空과 색色은 석가여래 증명했네.
첫겨울 바람 부는 날 쌀쌀함이 시작되는데
홀로 누런 국화꽃 수없이 피어나네. (회灰 운)

九月年年飮水廻 吾將卜築藥巖隈 何須雲磑茶雙矸 絶勝金莖露一盃
衆妙玄虛思老氏 十方空色證如來 孟冬風日淒淒始 獨有黃花無數開 (灰)

[1] 황정견이 쌍견차를 소식에게 보내는 시에 "우리 집 강남이라 운유차를 따서 맷돌에 갈면 서릿발처럼 떨어짐이 눈도 이 같지 않네"라고 했다(黃魯直雙矸茶送子瞻詩曰 我家江南摘雲腴 落磑霏霏雪不如).

출전: 『해거재시집』 우우불휴권

• **금로金露** 금경金莖의 승로반承露盤. 한 무제가 하늘에서 내리는 이슬을 받아서 먹으면 오래 산다는 방사方士의 말을 믿고, 이슬 받는 소반(承露盤)을 높이 27장이나 되게 만들고, 받아 놓은 이슬에 옥가루를 타서 마셨다고 한다.

해설　위의 시들은 전체 52수의 연작시 중에서 뽑은 것이다. 홍현주는 차의 향기가 단향목보다 낫다 하였고, 특히 좋은 샘물을 유난히 좋아하였음을 알 수 있다. 1860년경의 시이다.

홍현주 洪顯周, 1793~1865

두보의 시에는 적당한 운자가 없어 육유의 시에서 운자를 바꾸어 뽑았다 杜律無佳字 韻替拈陸律

촘촘한 잎새에 그윽한 풀숲
하늘과 땅 한 빛으로 푸르구나.
샘물은 달아 차 달이기에 적당하고
소나무는 늙어 정자 삼을 만하네.
흰 돌에 우연히 앉았는데
꾀꼬리 소리 들리는구나.
맑은 바람 부는 북쪽 창 아래
낮잠 자는 이 깨우지 말라. (17일)

청산은 청산대로 나는 나대로
어찌 지팡이와 나막신 수고롭혀 올라가랴.
발 사이로 푸른 산빛은 겨울 여름 없이 보이고
골짜기 속 안개 노을은 예나 이제나 같아 보이네.
좋은 벗 자주 오는 세 갈래 길* 쓸어놓고
그윽한 흉금에는 한 점 티끌도 들이지 않네.

• 세 갈래 길 원문은 삼경三經. 은둔하는 이의 정원을 말한다. 한나라 사람 장후蔣詡가 정원에 세 갈래 작은 길을 만들어놓고 오직 양중羊仲·구중求仲과 노닐었던 고사에서 유래한다.

조선 후기의 차 문화—시

차 끓이는 냄비와 시권만이 오로지 좋으니
한 사발의 차를 마시고는 곧 다시 읊네. (20일)

密葉兼幽艸 乾坤一色靑 泉甘宜煮茗 松老可爲亭
白石偶來坐 黃鸝亦往聽 淸風北牖下 莫攪午眠醒 （十七日）

自在靑山自在心 何勞笻屐去登臨 簾間蒼翠無冬夏 洞裏煙霞見古今
好友頻來三徑掃 幽襟不受點塵侵 茶鐺詩卷惟長物 一椀纔傾復一唫 （二十日）

출전: 『해거재시집』 삼우불휴권三又不休卷

해설 이 시들은 육유의 시에서 운자를 따서, 날짜별로 지은 것이다. 홍현주가 차를 마시고 시를 지으며 유유히 만년을 보내는 모습이 잘 나타나 있다. 1863년경의 시이다.

홍현주 洪顯周, 1793~1865

섣달 눈 녹인 물로 차를 끓이다 臘雪水烹茶

겨울 12월 계미 납일
남창 아래에서 한낮이 되도록 잠을 잤구나.
구름이 대나무 문에 잠겨 찾아오는 이 없고
눈이 매화나무 집을 둘러 속세와는 떨어졌네.
흰 깁으로 봉한 옛 상자를 가져다가
보이차와 월단차를 꺼내고,
편지를 펴보매 천 리 밖 그대 얼굴
연남 땅 친구의 마음이 담겨 있네.
모난 구슬 둥근 구슬 곳곳마다 떨어지고
마른 소나무 늙은 홰나무 마구 소리를 내네.
오지화로 수탄獸炭*에 불이 붙기를 기다리는데
돌냄비의 끓는 물거품 솔바람 소리 들리네.
아이종에게 맡기지 않고 몸소 달이느라
머리 위의 오사모는 반이나 기울었네.
꽃무늬 자기에 담아 오니 아름다운 빛 있고
한 사발 마시니 갑자기 답답한 가슴 열리네.

• **수탄獸炭** 석탄을 가루로 만들어 짐승 모양으로 뭉쳐 놓은 것인데, 도성의 호귀가豪貴家들이 이것을 가지고 술을 데워 마셨다는 고사가 전해온다.

통정桶井과 미천尾泉*은 오히려 둘째이니¹
차갑게 빼어난 맛 갈증 풀기에 알맞네.
병 많은 이에게 필요한 것은 오직 차 마시는 일이니
내년을 기다려 남겨서 넣어두네.

冬十二月癸未臘 日高睡足南窓榻 雲鎖竹關無剝啄 雪擁梅廬絶塵雜
拈取舊篋白絹封 普洱茶膏月團撝 開緘宛見千里面 燕南故人情周匝
方珪圓璧隨處沃 枯松老槐信手拉 甈爐獸炭火候活 石銚魚眼松風颯
自煎不敢付童僕 頭上半攲烏沙匼 花瓷盛來有佳色 一椀頓開襟鬲闛
桶井尾泉猶第二 寒英正與渴喉合 多病所須惟茗飮 留待明年剩貯納

¹ 서울 도성 가까운 땅에 두 샘이 이름났는데, 물맛이 매우 시원하여 도성 사람이 다 투어 길어 간다(王城近地兩泉名 味甚淸 都人爭汲之).

출전: 『해거재시초』海居齋詩鈔 권2

해설 이 시는 섣달에 중국 연남 땅의 벗이 보내 준 차를 꺼내, 눈 녹인 물로 차를 끓여 마시며 읊은 것이다. 그 맛이 무척 좋았던 듯 일부를 남겨두었다가 내년에 마실 것을 기약하고 있다. 또 이 시를 통해 당시 서울의 이름난 샘으로 통정과 미천이 있었음을 알 수 있다. 1828년경의 시이다.

• **통정桶井과 미천尾泉** 『신증동국여지승람』 제3권을 보면, 통정과 미정尾井이 나오는데, 각각 훈련원 서남쪽과 돈의문 밖에 있다고 하였다. 혹 이 두 샘물을 가리키는 것이 아닌가 여겨진다.

홍현주 洪顯周, 1793~1865

동림장에서 이천민에게 宿東林莊示李天民……

숲 속의 집에 등불을 돋우니 마음 더욱 새롭고
형체를 잊음*에 다행히 이천민 당신이 있네.
해마다 꽃을 보며 바야흐로 늙음을 알고
집집마다 나무 심었으니 가난하지 않도다.
반평생 슬픔과 기쁨이 혼연히 꿈같은데
이같은 이내 심사로 또 봄을 만났네.
꽃다운 풀 우거진 광릉廣陵*에 한이 끝없으니
검서여, 그대만 가고 없구나.*

오사모에 흰모시로 새옷을 입고,
물외에서의 노닒이 태곳적 백성같구나.
부끄럽게도 나는 늘 술이 모자라건만
부러워라, 그대는 시권이 부유하구나.
산중 등불이 달을 대신하니 좋은 밤이라 할 만하고
산골 물로 끓인 차 향기를 바치니 또한 특별한 봄일세.
알괘라, 내 떠난 뒤엔

---

* **형체를 잊음**   나이와 신분을 떠나 진정으로 우정을 맺는 일.
* **광릉廣陵**   서울의 옛 이름.
* **검서여, 그대만 가고 없구나**   옛 친구 규장각 검서는 죽고 없는데 서울엔 변함없이 꽃이 피어 더욱 한스럽다는 의미이다.

조선 후기의 차 문화—시

꽃이 피고 꽃이 져도 인적 없음을.

林屋挑燈意更新 忘形幸賴有天民 看花歲歲方知老 種樹家家也未貧
半世悲歡渾似夢 一般心事又逢春 芳草廣陵無限恨 泉扃獨掩檢書人

烏沙白紵試衣新 物外相隨太古民 愧我觥籌常欠債 憐君詩卷未全貧
山燈代月堪良夜 澗茗供香又別春 懸識吾行歸去後 花開花落寂無人

출전: 『해거재시초』 권2

원제 동림장에 묵으며 천민 이갈연에게 보이다(그 아우 잠부는 규장각 검서였는데 지난해 죽었다. 이 저녁에 느낌이 있어 지었다). 宿東林莊示李天民(名葛淵 其弟潛夫以奎章閣檢書 沒於去歲 是夕有感)

해설 동림장에서 이름이 갈연인 이천민에게 준 시이다. 원제를 보면 규장각 검서를 지냈던 이천민의 동생이 바로 전해에 사망하였음을 알 수 있다. 그 사람을 애도하며, 담담히 차를 마시는 정경을 읊은 시라고 할 수 있겠다. 1830년경의 시이다.

홍현주 洪顯周, 1793~1865

이복현에게 바치다 呈老石……

공은 청풍淸風 고을의 늙은 사또로[1]

표연한 시상詩想이 세속의 무리와는 달랐네.

비단 병풍 같은 강 굽이에 외로운 배 나란히 떠 있고

푸른 그림 같은 누각 가운데에 한 침상이 나뉘었네.

밤에 돌솥에 불 피워 백승설차 끓였는데[2]

줄 친 종이는 봄에 구름이 푸르게 물든 것 같네.[3]

하지장賀知章은 천고에 끝내 만나기 어려우니*

누가 추천하여 천상에 아뢰랴.

公是湖山老使君 飄然詩思出塵羣 錦屛江曲孤舟竝 綠畵樓中一榻分

石鼎夜炊白勝雪 絲欄春染碧於雲 季眞千載終難遇 誰使吹噓天上聞

[1] 공은 주와 부를 네 차례 관장했는데 모두 산수가 아름다운 고을이었다(公四典州府 皆山水之鄕).
[2] 내게 돌솥이 있는데 매번 겨울밤에 시를 읊고 반드시 스스로 밥을 짓고는 마주하여 차를 마신다(余有石鼎 每冬夜吟詩 必炊自飯而對喫).
[3] 노석공은 일찍이 아욱즙으로 시전지詩箋紙에 물들이는 법을 이야기하고는 그대로

---

* **하지장賀知章은 ~ 어려우니** 원문의 계진季眞은 당나라 시인 하지장의 자로, 이백과 더불어 속세를 벗어난 천상의 신선이라 일컬어진다. 따라서 속세에서는 그와 같은 이를 만나기 어렵다는 말로 이해된다.

농장으로 나가 좋은 종이에 물들이기를 시험했는데, 푸른 무늬가 아낄 만했다(公曾 說葵汁染牋之法 仍出所莊 佳紙試染之 碧文可愛).

출전: 『해거재시초』 권3

원제 이복현에게 바치다(석견은 더러 노석이라고도 일컫는다). 呈老石(石見或稱 老石)

해설 노석老石 이복현李復鉉에게 바친 시이다. 그는 당호가 석견이며 시를 잘 지었던 인물인데, 함께 백승설차를 마시고 중국 하지장에 견주어 그 시를 칭송하고 있다. 1831년경의 시이다.

홍현주 洪顯周, 1793~1865

두보 시에 화답하다 和杜

늦은 봄 천기가 홀연 드높고 맑아
비온 뒤 한기가 먼 성에까지 이네.
제비는 벌써 사람 괴롭히고 꾀꼬리도 이르고
꽃이 막 일을 마치자 잎이 또 돋아나네.
화로 가운데 불 돋우어 차 익기 기다리고
창 틈으로 새어드는 석양빛에 책을 말리네.
요사이 시를 읊으며 헛되이 스스로 시간 보내는데
어찌 방두芳杜*를 흉내내어 시 제목 섞어 적나.

暮春天氣忽高淸 雨後微寒動遠城 燕已惱人鷪又到 花將了事葉還生
鑪中撥火候茶熟 窓隙通曛曬帙晴 近日吟詩徒自遣 那從芳杜混題名

출전: 『해거재시초』 권3

해설 늦은 봄날 차가 익기를 기다리며 시를 읊조리는 모습을 읊은 시이다. 홍현주는 두보나 육유의 시에 화운한 시를 많이 지었는데, 차가 있으면 으레 시를 지었던 그의 모습을 엿볼 수 있다. 1831년경의 시이다.

• 방두芳杜 방지芳芷와 두형杜蘅. 모두 향초인데, 뜻이 같고 도가 합한 친구를 뜻한다. 굴원屈原의 「이소경」離騷經에 "두형과 방지가 섞여 있네"(雜杜蘅與芳芷)라는 구절이 있다.

홍현주 洪顯周, 1793~1865

세밑 歲暮

세밑 띳집에 한 늙은이
침상의 둥근 베개 나와 함께 베었네.
고승이 보내준 차 덕에 청산에서 정신 맑고
며느리가 달여준 덕분에 백발이 부질없어졌네.
마루 앞의 죽석竹石은 모두 벗하기 좋고
홈통으로 차 끓일 샘물이 오니 종도 필요 없네.
올해 집안 경사는 쌍으로 기쁨 이루고
아들 손자들 수염 당길 일이 예상되는구나.[1]

歲暮茅堂一老夫 匡床圓枕共支吾 青山神往高僧惠 白髮緣空少婦盧
竹石當軒俱可友 茗泉通筧不須奴 今年家慶成雙喜 預想兒孫也挽鬚

[1] 아들 우철이 문과에 급제하고 또 그 아내가 임신을 해서 끝 구절에 이를 언급했다 (喆兒登第且有娠 末句及之).

출전: 『해거재시초』 권3

해설   홍현주의 아들 홍우철洪祐喆은 순조 34년(1834) 식년式年 문과에 급제했는데, 시의 말미에 붙인 원주를 보면, 며느리가 임신하여 손자를 얻을 일로 두 가지 경사가 겹쳤음을 알 수 있다. 기쁜 마음으로 차를 마시는 세밑의 즐거움이 잘 드러나 있다.

홍현주 洪顯周, 1793~1865

초당으로 나아가 이명오·홍희인과 읊다
草堂枉泊翁·樗園共賦

임원에 봄이 들어 일마다 아름다우니
법첩과 명화를 방에서 나직이 감상하네.
한 구비 연못에 구름 그림자 떠돌고
일천 줄기 대나무에 달빛이 부서지네.
돌솥을 새로 장만하니 차 모임이 즐겁고
주막의 깃발에 이끌리니 술 생각에 미치네.
누가 일찍이 기심機心을 잊는 것을 말했던가.
고기 잡고 나무하기에도 스스로 바쁘네.

春入林園事事芳 法書名畵小唵房 池廻一泒漂雲影 竹攬千竿擺月光
石鼎新修茶社喜 風帘遙曳酒情狂 誰曾解道忘機者 卻看漁樵亦自忙

출전: 『해거재시초이집』海居齋詩鈔二集

해설 이명오李明五는 시사詩史에 뛰어났던 조선 후기의 문인이며, 홍희인洪羲人은 규장각 검서와 안협현감을 지낸 집안사람이다. 이 시는 두보의 「강촌」江村이라는 시를 연상케 하는데, 세 사람이 함께 새로 차솥을 마련하여 차 모임을 가졌음을 알 수 있다.

홍현주 洪顯周, 1793~1865

초당에서 이만용을 맞아 이상적과 같이 짓다
草堂邀東樊 李藕船(尙迪)同作

한 그루 나무가 사람 재촉함을 두릉杜陵이 한탄했는데
훌쩍훌쩍 늙더니 결국엔 날아가는 세월.
아침에 문을 열자 첫눈이 반갑고
밤에 등불 돋우며 새로운 시 짓누나.
슬프다, 나는 안개 낀 깊은 골짜기에 살고
부러워라, 그대는 거듭 사신을 가누나.*
상품의 향과 엄선한 차로 생애가 족하니
거친 곡식을 어찌 구태여 말과 되로 계산하랴.

一樹催人歎杜陵 駸駸暮景竟飛騰 朝因快雪初開戶 夜爲新詩更剪燈
嗟我深居陰洞霧 羨君重飮玉河氷 品香揀茗生涯足 荒粟何須計斗升

출전: 『해거재시초이집』

• **사신을 가누나** 원문은 "飮玉河氷." '옥하의 얼음을 마신다'는 이 말은 중국으로 사신 가는 것을 말한다. 『장자』莊子「인간세」人間世에 "내가 아침에 사신의 명을 받고 속이 타서 저녁에 얼음물을 마셨다"라고 한 데서 온 말이다.

해설　전체 2수 중 첫째 수이다. 동번 이만용은 앞에 나온 인물이고, 우선藕船 이상적李尙迪은 역관이자 뛰어난 시인으로 중국을 열두 번이나 왕복하며 중국 명사들의 시를 소개하고 김정희와 신위 등의 서화를 그들에게 전달해주었던 인물이다. 아마도 이상적이 사신 가는 길에 부친 송시인 듯하다.

홍현주 洪顯周, 1793~1865

앞의 시 운자를 거듭 써서 이상적에게 차를 빌다
疊前韻寄藕船乞茶

술 떨어지고 시 껄끄럽고 병은 침입해오는데
매화 꽃술은 드리워져 세월이 내닫는다.
찾기 어려운 글자 찾으며 노년을 버티고
텅 빈 술병 잡고 외로운 등불 지키네.
다만 도가陶家의 눈(雪)˙을 취해 달일 뿐
어찌 번거로이 옥정玉井의 얼음˙을 생각하리오.
만일 향기로운 차를 부쳐주면 차 허기 달랠 터이니
한두 섬에 몇 되를 보태주시구려.

酒乾詩澁病侵陵 梅蘂垂垂歲色騰 字覓龜毛支老枕 甁歸烏有守孤燈
但令烹取陶家雪 何用煩思玉井氷 倘寄芳焙消茗瘦 商量斛二更添升

출전: 『해거재시초이집』

- **도가陶家의 눈(雪)** 도곡이 차를 끓여 마셨다는 눈 녹인 물. 심상규의 시 「차를 마시다」의 '도가' 주 참조(이 책 81쪽).
- **옥정玉井의 얼음** 옥정은 임금이 쓸 얼음을 저장한 곳. 삼복 더위에 이 얼음을 대신들에게 하사한다고 한다. 두보의 「병으로 열이 나는 가운데 이 상서에게 회포를 올리다」(多病執熱奉懷李尙書)에 "길 가는 목마른 사람 매화비 적셔주길 생각하노니, 궁정의 은혜 옥정 빙을 감히 바랄까"(思霑道暍黃梅雨, 敢望宮恩玉井冰)라고 하였다.

해설 이상적은 자주 중국 북경을 드나들며 차를 사다가 추사 김정희, 자하 신위 등에게 보내곤 하였다. 이에 홍현주 역시 차를 나누어달라는 뜻으로 지은 시이다.

홍현주 洪顯周, 1793~1865

정학연·이만용이 밤에 들렀기에 읊다
酉山·東樊 夜過遂賦

숲의 푸른빛이 항상 집 밖의 산에 있으니
밤낮으로 바라만 볼 뿐 애써 오를 것 없네.
한가한 정은 낡은 책 속에 한번 맡기고
시원한 바람 소리는 마른 대숲에 유난히 많구나.
손님 머무르게 한 찻잔엔 물고기 눈 거품 가늘고
추위를 물리친 매화 담벽엔 표범 무늬 아롱지네.
당당하게 서둘러 가는 햇살 누가 능히 붙잡으리오
다만 생전에 자주 갔다가 돌아올 수 있길 바라네.

蒼翠長存戶外山 相看日夕不須攀 閒情一任殘書裏 涼籟偏多瘦竹間
留客茶甌魚眼細 辟寒梅壁豹文斑 堂堂急景誰能挽 但願生前數往還

출전: 『해거재미정고』海居齋未定藁 권1

해설 전체 3수 중 첫째 수이다. 유산 정학연은 다산 정약용의 큰아들로 추사 김정희, 자하 신위, 초의 선사, 산천 김명희 등과 친밀하게 지냈다. 홍현주는 풍산 홍씨로 유산의 외가 쪽 인척이 된다. 손이 오면 늘 차를 대접했던 모습을 알 수 있다.

홍한주 洪翰周, 1798~1864

빗소리 들으며 차를 달이다 雨中煎茶

맑디맑은 새 샘물 길어왔기에
하염없이 불을 지펴 차를 달이네.
주란차珠蘭茶는 지금 맛이 특이하니
주방의 품평은 옛날 허명이로다.
솔바람 소리 넘침에 잠깐 기쁘다
게눈이 생기는 것에 문득 놀라네.
한 사발 찻물이 갈증을 푸니
입 안에 상기도 청향이 남노라.

爲汲新泉淨 聊將活火烹 珠蘭今異味 廚品昔虛名
乍喜松濤漲 翻驚蟹眼生 一甌消病渴 牙頰尙餘淸

출전: 『해옹시고』海翁詩藁 권4

해설 비가 오는 가운데 새로 샘물을 길어와 차를 마시는 정경을 읊은 시이다. 차를 달이며 끓는 물을 감상하는 것도 운치가 있고 차 맛 역시 향기롭다.

신좌모 申佐模, 1799~1877

거림점에 묵으며 宿居林店……

거림점에 있는 아이놈
술집 머슴과는 다르구나.
손님 대접 무척이나 정성스럽고
영리한 데다 말도 똑 부러지는군.
하도 기특해 점주를 물어보니
네 놈의 아비 어미가 아니었더냐.
너는 산골 촌놈이 아니냐
어찌 이런 대로변에 있느냐.
하는 말이 이렇네, 서울 사람들은요
연못 그윽한 집이 없더군요.
재상집에 머슴이 되어
몇 해 동안 빗자루 잡았는데,
재상께선 성이 이씨고요
호는 우석友石이라 했습지요.
내가 웃으며 오라고 하여
이야기 나누며 피곤을 잊었지.

재상께서 무슨 일을 하시더냐
애지중지 하는 보물은 무엇이더냐.
너는 오랫동안 엎드려
일일이 날 위해 대답했지.
재관께선 하시는 일 따로 없고요
귀중하게 여기는 건 시집뿐예요.
집에선 시를 지으시느라
저녁에 주무시고 새벽에 일어나십니다.
작은 글씨 당판본唐版本 서책을
창 앞에 누워 늘 끼고 사신답니다.
가끔씩 고심하며 시를 짓느라
서산에 해 기우는 줄도 모른답니다.
달 뜨는 저녁 꽃 피는 아침이면
이름난 재상들 왕왕 오시는데,
오기만 하면 의관을 풀고서
산림에 수레를 느긋이 풀어놓지요.
비 머금어 돋아나는 연꽃도 있고
자유로이 노니는 어른도 계시지요.
삿갓과 나막신을 날마다 챙기시니
바람 불고 눈 내려도 아랑곳없지요.
날마다 일과처럼 시회를 열고
서안은 다조茶竈와 띄워놓습죠.
계등지稽藤紙는 아방鵝肪*을 잘라낸 듯 하얗고
단계연端溪硯은 용뇌향이 스민 듯 향기롭습죠.

주구酒具를 좌우에 늘어놓았는데
유리구슬에 푸른 마노옥이었습니다.
한창 붓을 휘날릴 때에는
맹교孟郊와 가도賈島˚를 능가합지요.
혹은 손님을 못 가게 잡거나˚
혹 꽃그늘 아래 모자를 떨어뜨렸습죠.˚
쉰네 본래 글자도 모르지만
괴로워서 초조함을 발했습죠.
먹을 가느라 팔뚝은 피곤하고
불을 피우느라 혓바닥은 말랐습죠.
그렇지만 물러나지 않았으니
쉰네의 운치도 고도에 올랐지요.
나는 반도 채 듣지 못하고
흰 수염을 젖히며 크게 웃었네.
듣건대 군실君實의 종복˚은

- **아방鵝肪** 거위 기름이 응고된 것. 몹시 희고 깨끗한 것을 형용할 때 쓰는 말.
- **맹교孟郊와 가도賈島** 당나라 때의 이름난 시인.
- **손님을 못 가게 잡거나** 원문은 "投井中舝." 전한의 교위 진준陳遵은 빈객을 좋아하여 늘 술로 대접했다. 그리고 빈객이 떠나지 못하도록 수레 빗장을 우물에 던져버렸다.
- **꽃그늘 아래 모자를 떨어뜨렸습죠** 원문은 "吹花下帽." 진晉나라 맹가孟嘉가 환온桓溫이 마련한 중양절 잔치에 가서 꽃나무 아래에서 술을 마실 때 바람에 모자가 날려 떨어지는 줄도 모르고 놀았다는 고사가 있다.
- **군실君實의 종복** 군실은 송나라 사마광司馬光의 자이다. 사마광 집안의 종이 어리석어 나이 서른이 되도록 주인을 부를 때 '군실'이라고 불렀다고 한다. 여기서는 순진함의 의미로 전용한 것이다.

난만하게 참된 성품 간직했다 하고,
게다가 영사穎士의 노복*은
시편을 사랑했다지.
바보인 듯하지만 마음은 정말 똑똑한 이들인데
너는 거기에다 덜렁대지도 않는구나.
우석의 시가 실로 좋으니
예리하게 보면 자못 깊은 경지 보리라.
내 두렵기는 우석이 더욱 공교로움 구하다가
뭇사람들에게 능멸받아 곤경에 처하는 것이다.
조물주는 극히 교활해서
마음대로 노닐며 시 읊는 걸 본래 싫어했지.
시를 보내노니 우석에게 전하거라
부디 조화옹 이치를 빼앗으려 말라고.

有童居林店 不似酒家保 見客殊款款 伶俐語音好
我怪問店主 莫是汝翁媼 汝非峽土産 胡此當街道
自言京城人 少家蓮池澳 作使宰官宅 數年供灑掃
宰官姓李氏 友石乃其號 我笑使之前 與語忘疲惱
宰官何所事 愛玩何所寶 汝旣伏侍久 一一爲余告

• **영사穎士의 노복** 영사는 당나라의 문인 소영사蕭穎士를 가리킨다. 그는 문장에는 능했으나 성격은 모가 나 10년 동안 그를 섬긴 종이 자주 모진 매를 맞았다. 어떤 사람이 종에게 떠날 것을 권하자, 종은 "내가 떠나지 못해 떠나지 않는 것이 아니라, 그의 훌륭한 문장 재주를 사랑해서이다" 하고는 끝내 떠나지 않았다.

宰官無所事 所寶惟詩藁 在家詩爲命 晏寢而起早
細字唐版冊 風欄臥常抱 有時苦沈吟 不覺西日倒
月夕及花朝 名宰往往到 至則解衣帶 林皐散驕皂
亦有雨荷生 亦有天游老 笠屐日追隨 不辭風雪冒
課日設詩會 筆牀間茶竈 稽藤截鵝肪 端硯沁龍腦
酒具左右列 琉璃碧瑪瑙 方其筆淋漓 意欲凌郊島
或投井中轄 或吹花下帽 童本不識字 困倦發焦躁
磨墨腕力疲 吹火舌本燥 然猶不敢退 韻事亦高蹈
而我聽未半 一笑掀髥皓 昔聞君實僕 爛熳眞性葆
又聞潁士奴 亦知愛詞藻 似癡心實黠 汝更不草草
友石詩固佳 鉥劇頗窺奧 吾恐益求工 衆類困凌暴
化兒劇狡儈 久厭恣嘯傲 寄語報友石 愼莫思奪造

출전: 『담인집』澹人集 권6

원제 거림점에 묵으며. 거림점에 아이놈이 하나 있다. 모시는 태도가 몹시 근실하고 제법 영리하여 물어보니, 바로 시랑 이풍익李豊翼 우석友石 집안의 다동이었다. 장난삼아 오언고체를 한 수 읊어 그놈을 거쳐 우석 대좌台座에 전한다. 宿居林店 店有一童 伏侍甚謹 頗伶俐 詢之 乃李侍郎豐翼友石家茶僮也 戲賦五古 轉寄友石台座

해설 찻집에서 지인의 집에 심부름하던 아이를 만났다. 이에 기뻐 그 아이와의 일을 시로 읊어 지인에게 전달이 되도록 한 시이다. 아이의 입을 통해서 그려낸 지인의 집 모습과 기이한 물건들이 눈앞에 보이는 듯 선명하게 묘사되어 있으며, 지은이 특유의 익살과 친근함이 행간에 묻어난다.

이상적 李尙迪, 1803~1865

찻물을 뜨다 挹茶

작은 사발에 찻물을 뜨니
수많은 거품들 얼마나 끓는지,
둥근 빛이 구슬처럼 흩어지는데
구슬 하나마다 하나의 부처로다.
금방 생겼다가 순간 사라지니
천억 불신이 황홀하게 명멸하네.
이렇게 세계가 열리고
이렇게 형상이 분별되네.
깨달아 일제히 머리를 끄덕이고
참선하여 동시에 불자를 세우니,
누가 대사이며 누가 중생인가
물아가 일체 사라졌노라.
망망한 항하(갠지스 강)의 모래 같은 세월에
넓은 중생 구제는 사공을 부름이 아닐세.
거품이란 순식간의 환상인 것을
공空과 색色은 조각달에 잠겼네.

삼생은 촛불의 불빛인 것을
앉아서 선정에 드매 얼마나 꼿꼿한가.
만상은 일체가 참이 아니니
무얼 기뻐하며 무얼 성내랴.
육우의 등불 아래 경전을 마시며*
노동의 바리때에 시를 담노라.*

小盌挹茶水 千漚何蕩發

圓光散如珠 一珠一尊佛

浮生彈指頃 千億身恍惚

如是開手眼 如是分毛髮

悟處齊點頭 參時同竪拂

誰師而誰衆 無我亦無物

茫茫恒河沙 普渡非喚筏

泡花幻一噓 空色湛片月

三生金粟影 坐忘何兀兀

萬緣了非眞 焉喜焉足喝

經傳陸羽燈 詩器玉川鉢

• **육우의 등불 아래 경전을 마시며** 육우가 『다경』을 지었으므로, 여기서 육우의 경전을 읽는다는 말은 차를 마신다는 의미이다.
• **노동의 바리때에 시를 담노라** 노동이 차를 좋아하고 시를 좋아하여 「다가」茶歌를 지었으므로 이렇게 표현한 것인데, 역시 차를 마신다는 의미이다.

출전: 『은송당집』恩誦堂集 권2

해설　차 끓이는 모습과 한 잔 차의 묘를 인생과 불법의 묘와 대비하며 상징적 표현을 통해 몽환적으로 표현한 작품이다. 차를 통해 인생을 보자면 인생은 거품이고, 방울방울은 또 각각의 우주이다. 삼생은 촛불의 불빛이고, 차는 경전이며 시가 된다.

이상적 李尙迪, 1803~1865

차 끓이는 연기 茶煙

죽로와 돌솥, 아취가 어울리는데
불을 살려 새로이 눈 녹인 물 끓이네.
바람은 자리에 불어와 수염이 날리고
겹겹 발에 가랑비 내려 꽃가지에 매달리네.
술 데우는 것보다 청아하니 막 잠에서 깨고
향 사르는 것보다 멋스러우니 반쯤은 시가 되네.
그윽한 정취는 어디가 좋은 줄 아노니
푸른 소나무 그늘 짙은 벽계 기슭이지.

竹罏石銚雅相宜 活火新烹雪水時 一榻風輕縈鬢影 重簾雨細綴花枝
淸於煮酒初回夢 韻似燒香半入詩 領略幽情何處好 蒼松陰裏碧溪涯

출전: 『은송당집』 권9

해설 차는 술 데우는 것보다 맑고 고아하며 향 사르는 것보다 운치가 있어, 차를 끓이는 것 자체가 시가 된다는 표현에서 작자의 차를 사랑하는 마음을 알 수 있다.

이상적 李尙迪, 1803~1865

백산다가(박경로에게 사례하다) 白山茶歌 謝朴景路

내 중국으로 아홉 번 사신을 갔기에
천하의 유명한 차는 모두 맛을 보았지.
열두 거리에 차 박사들 넘쳐나니
차 파는 상점이 장漿 가게보다 많지.
집에 돌아와 누워 용육龍肉•을 말하며
손수 『다경』 잡고 입맛만 다실 뿐,
호승湖僧이 새로 만든 죽로차가 나왔기에[1]
당시 사람들이 왕왕 별미로 여겼지.
우리나라 차들을 귀하게 여겨야 옳겠지만
끝내 향미가 입맛에 껄끄러운걸.
불함차不咸茶 한 망태기 그대 은혜 고마우니
추운 날씨 폐병엔 산삼에 버금가네.
누가 알랴, 우리나라에 이런 차가 있는 줄을
비기자면 인재가 벽촌에서 난 것과 같네.
다만 중령中泠•의 샘물을 얻기 어려운 데다
멀리 무이산武夷山 찻잎을 구할 길 없어 한스럽네.

• **용육龍肉**   원래 지극한 맛을 가리키는데, 여기서는 중국의 명차를 말한다.
• **중령中泠**   중국 강소성江蘇省 진강현鎭江縣 서북쪽의 양자강 속에 있는 샘. 강물과 함께 흐르면서도 이 물은 특히 섞이지 않고 찬 맛을 그대로 지닌다고 한다.

그대 보지 못했나,
강남의 어차가 공물에 들지 못하고
잎과 가지가 매몰되어 충사蟲沙*가 된 것을.
또 보지 못했나,
박작泊汋*에서 해마다 온갖 재화가 무역되는데
올 가을에는 수선화가 하나도 없던 것을.
차 이야기 나누던 벗들 비처럼 흩어졌으니²
봉화의 연기는 벌써 천진의 기슭에 들어갔겠지.
무슨 다행으로 나의 생은 다복을 누리는지
차 달이고 시구 찾으며 세월을 보내노라.

我曾九泊燕河槎　嘗盡天下有名茶　十二街頭茶博士　賣茶多於賣漿家
歸臥敝廬談龍肉　手把茶經空咨嗟　湖僧竹露出新製　時人往往如嗜痂
秖應所貴吾鄕物　終是香味澁齒牙　不咸一綱感君惠　天寒肺病當三椏
誰知此土乃有此　譬如人才出荒遐　但恨難得中泠水　無路遠購武夷芽
君不見 江南御茶不入貢　旗槍埋沒隨蟲沙
又不見 泊汋年年通百貨　今秋無箇水仙花
茶話故人散如雨　烽煙已入天津涯　何幸吾生享多福　煎茶覓句送年華

• **충사蟲沙** 썩어서 먼지가 되는 것을 말한다. 『포박자』抱朴子에 "전장에서 죽은 장교들은 원학猿鶴이 되고, 군사들은 충사가 되었다" 하였다.
• **박작泊汋** 압록강과 옛 발해 지역의 경계에 있는 지명이다.

¹ 죽로는 차의 이름이다(茶名).
² 정치형의 〈다화도〉를 두고 하는 말이다(謂程穉葡茶話圖).

출전: 『은송당집』 속집 권1

해설   아홉 차례나 중국 사신을 다녀온 사람답게 중국의 명차에 대해 줄줄이 꿰고 있는 작자이지만, 우리나라의 불함차가 중국의 명차보다 훨씬 좋다고 칭찬하였다. 아마도 친하던 벗들이 많이 세상을 뜬 이후인 듯, 여생을 차와 시로 보낼 것을 말하고 있다.

이상적 李尙迪, 1803~1865

섣달 초파일* 이튿날 새벽 눈이 막 개다
臘八之翌 晨雪初霽

올 매화는 일찍 가평절嘉平節*에 피었고
생신이라 좋은 날 자손들도 정다워라.
술 마시매 봄술 맛 묽은 것은 정말 싫고
차 달이매 춘설 향기 맑은 것 무척 기뻐라.
난성欒城*은 그 옛날 기묘년에 태어났고[1]
동파는 지금보다 열흘 뒤에 태어났지.[2]•
29년 전 허리에 피리를 찬 나그네[3]
영욕을 모두 겪고 머리 온통 쇠었네.

蚤梅花發趁嘉平 初度良辰膝下情 酌酒應嫌春味薄 煎茶恰喜雪香淸髹

欒城伊昔推同歲 坡老於今視後生 廿九年前腰笛客 悲歡剩得鬢絲明

- **섣달 초파일**(臘八)　음력 12월 8일. 죽을 먹는 명절로. 이때 먹는 죽을 납팔죽臘八粥이라고 한다.
- **가평절**嘉平節　섣달의 제사 또는 섣달을 말한다. 섣달의 제사를 하夏나라는 가평, 은殷나라는 청사淸祀, 주周나라는 대사大蜡라고 불렀다.
- **난성**欒城　소철蘇轍의 호이다. 소철이 기묘년(1039)에 태어났고 심희순이 기묘년(1819)에 태어났기 때문에 이렇게 표현한 것이다.
- **동파는 지금보다 열흘 뒤에 태어났지**　이날은 섣달 초파일 다음 날이므로 12월 9일이고, 소식은 12월 19일에 태어났다.

¹ 동암은 기묘생이다(桐庵己卯生).
² 동파의 생일이 지금보다 10일 뒤이다(東坡生日在後十日).
³ 동암의 왕고인 문숙공 심상규의 회갑 때의 일을 묘사한 것이다(謂令王考文肅公周甲時事).

출전: 『은송당집』 속집續集 권2

원제 섣달 초파일 이튿날 새벽 눈이 막 개자 약주와 차 주전자를 가지고 동암 심승지(심희순沈熙淳)의 생신에 올린다. 臘八之翌 晨雪初霽 以藥酒茶壺 奉餰沈桐庵承旨初度

해설 심희순의 생일에 차를 올리며 중국의 여러 명인과 관련된 고사를 끌어왔다. 심희순의 조부 심상규의 환갑에도 참여한 사실로 보면 작자는 청송 심씨 가문과 깊은 세의世誼가 있는 듯하다. 생일선물로 차를 선물한 것으로 보아 차가 매우 귀한 물건으로 취급되고 선비들에게 깊이 애호받았음을 알 수 있다.

이상적 李尙迪, 1803~1865

김소당*이 후지산 차 및 차 주전자를 선물로 보내왔기에 金小棠 惠富士山茶及茶壺 皆日本物也

서불사徐市祠* 앞 야생화 피었네
삼산 어느 곳에 선가仙家가 있는가.
가련하다, 진 시황이 구하던 불로초는
어쩌면 선생이 보내온 한 사발의 차이던가.
난색卵色의 주전자가 천하일天下一이니[1]
손수 새 차를 달여 번잡한 가슴 씻노라.
차 달이는 소리 솔바람 같은 깊디깊은 밤
바닷가에서 썰물 빠지는 소리를 듣는 듯하네.

徐市祠前野草花 三山何處有仙家 可憐秦帝求靈藥 爭似先生一椀茶
卵色瓷壺天下一 手煎新茗滌煩襟 松風活火深深夜 似聽殘潮海上音

- **김소당**金小棠 소당은 김석준金奭準(1831~1915)의 호이다.
- **서불사**徐市祠 서불은 진秦나라의 방사 서복徐福이다. 진 시황이 서복에게 동해의 삼신산三神山으로 가서 불로초를 캐 오라고 하면서 동남동녀 3천 명을 데리고 가게 하였는데, 서복이 일본에 도착하여 그곳에 살면서 돌아오지 않아 일본의 시조가 되었다고 한다. 일본의 와카야마和歌山 현에 서복의 무덤이라는 것이 있고, 그의 사당도 있다.

1 일본 사람은 제품이 정밀하고 우수한 것을 가리켜 '천하일'이라고 한다(日本人 稱製器之精良者曰 天下一).

출전: 『은송당집』 속집 권2

해설　김석준이 일본에서 생산된 차와 다구를 보내왔다. 작자는 그 차를 진 시황이 찾던 불로초에 비기고 있다. 일본에도 차가 발달하였음을 알 수 있으며, 한일 차 문화의 교류를 말함에도 귀중한 자료가 될 수 있는 시이다.

이상적 李尙迪, 1803~1865

접암 비부가 송차를 보내왔기에 蝶菴比部寄餉淞茶

흰 항아리에 녹설차를 봉하여 써놓고
우편통에 담아 아스라이 사신길에 실어 왔네.
꿈속 아득히 곡우 날 송강淞江 가는 길에
열수洌水 가에 누워 솔바람 소리 듣노라.
일곱 사발째도 이슬을 마시듯 새로운가 맛을 보며
한 동이 차에 옛날 함께 꽃가지 수놓던 일 생각하네.
다시 만날 날 언제가 될는지
화로만 뒤적이며 거친 시를 읊노라.

白甄封題綠雪芽 郵筒迢遞返星槎 夢迴穀雨淞江路 臥聽松風洌水涯
七盌試新如吸露 一樽憶昨共籌花 更爲後會知何日 撥盡爐灰賦木瓜

출전: 『은송당집』 속집 권7

해설　접암 비부는 아마도 중국 사람인 듯하다. 지은이는 그가 보내온 송차淞茶를 끓여 마시며 아득히 중국으로 날아가, 곡우 무렵의 송강 가는 길에서 솔바람 소리를 듣는 환상에 빠진다. 일곱 사발이나 넘게 차를 마시며 아득한 추억에 빠져 식은 재를 뒤적이는 작자의 모습이 잘 그려진 작품이다.

효명 세자 孝明世子, 1809~1830

다관 茶罐

돌화로에 차 말리고 쇠솥에 차 덖어
백 번 달인 새 차에 게눈 거품 향기롭네.
비기자면 신선 동네의 구기자 물과 같아
한 잔으로도 만수무강 누릴 수 있지.

石爐焙火煮金鐺 百煎新茶蟹眼香
較如仙洞枸杞水 一勺猶能萬壽長

찻종지 茶鍾

수정처럼 깨끗하고 옥처럼 차가운 맑은 한 잔
살짝 떠서 차를 마시매 담박한 향이 도네.
크고 작은 종지가 모두 훌륭한 작품이니
고동에 밝은 누군가가 아끼던 옛 다기던가.

晶潔玉寒一勺淸 啜茗輕挹淡香生

始知大小皆成制 博物何人愛古鐺

차 주전자 茶壺

옥을 깎고 금을 새겨 기법이 정교하니
모난 다호 둥근 다호 저마다 영롱하네.
어여뻐라, 다호가 차를 사랑해
벽유차와 황아차를 가득 담은 것이.

雕玉鏤金製作工 方圓殊體各玲瓏
爲憐空洞能愛物 碧乳黃芽貯滿中

차 茶

솔바람 눈 내리는 소리 쇠솥에 시끄럽더니
게눈 거품 일어나 주발 가득 향기롭네.
가령 신선들이 이 맛을 알았더라면
노자가 어이 구하九霞의 술잔*을 마셨으랴.

松風鳴雪亂金鐺 魚眼沸來滿椀香

• **구하九霞의 술잔** 서왕모西王母가 마셨다는 신선주가 담긴 술잔.

若使仙家知此味 老君那飮九霞觴

출전: 『경헌집』敬軒集 권2

해설 효명 세자는 순조를 대신하여 약 3년간 대리청정을 하였으며, 익종翼宗으로 추존되었다. 이 시는 다관·찻종지(茶鍾)·차 주전자·차를 각각 읊은 것으로, 흔히 볼 수 없는 왕세자의 다시라는 점에 의미가 있다.

또 『경헌집』 권8에는 「송단팽다」松壇烹茶라는 글이 실려 있는데, 그 내용은 다음과 같다. "고인이 『다경』을 지음에, 온갖 모양과 색깔, 냄새와 맛 그리고 다구茶具와 달이는 법에 대해 품평하지 않은 것이 없었다. 그러나 유독 차를 달이는 경지에 대해서는 말한 것이 없었으니, 차에 담긴 운치를 다하지 못한 것이 아니겠는가? 이제 송단松壇에서 차를 달임에 『다경』에서 빠뜨렸던 운치를 온전히 할 수 있겠다."

윤정기 尹廷琦, 1814~1879

차를 달이다 煎茶

모란꽃의 날아다니는 솜은 선천先天에 아득하고
긴 낮 동안 조그만 누각 앞에는 새소리 들리네.
땅에 가득한 풀은 금곡金谷*의 담장처럼 펼쳐졌고
담장에 이어져 있는 느릅나무엔 열매가 달렸네.
봄을 보내는 한 꿈속에 산은 자는 듯하고
객을 보내고 남은 정에 연기처럼 비 내리네.
한가로이 차의 품등을 비교해보려고
평상 가에서 숯불 지펴 새로 길어온 샘물을 달이네.

洛花飛絮渺先天 永日禽聲小閣前
 滿地草鋪金谷障 連墻楡綴沈郞錢
餞春一夢山如睡 送客餘情雨似烟
閒處試將茶品較 牀頭活火煎新泉

• 금곡金谷   중국 진쯥나라 때 석숭石崇이 빈객들을 모아놓고 주연을 베풀면서 풍류를 즐겼다는 금곡원金谷園.

출전: 『방산시고』舫山詩藁

해설 이 시의 지은이 윤정기는 바로 다산 정약용의 생질이다. 그 역시 차를 사랑하여, 한가한 때면 샘물을 끓여 차를 마셨다.

이유원 李裕元, 1814~1888

죽로차 竹露茶

보림사는 강진현에 있는데
강진현은 호남이라 호목楛木으로 만든 화살을 바친다네.
절 옆에는 밭이요 밭에는 대나무 있으며
대나무 사이로 난 풀은 이슬 맑게 머금었네.
세상 사람들의 눈에는 평범하게 보여서
해마다 봄이 와도 무성한 풀숲에 방치했네.
사물에 박학한 정열수丁洌水가 어떻게 왔는지
그 절의 스님들에게 차 싹 고르는 걸 가르쳤지.
천 개의 줄기는 가지마다 섬세한 머리털이 교차하고
한 움큼은 둥글게 둥글게 가는 선이 둘러 있네.
아홉 번 찌고 아홉 번 말림은 옛 법을 따름이니
동銅 시루와 대나무 체에 바꿔가며 갈지.
천축의 부처님도 아홉 번 목욕했고
천태산의 선녀도 아홉 번 연단鍊丹했네.
여러 광주리에 담아 첨지를 붙였는데
우전이라 표제한 것이 뛰어난 품질을 독점했네.

장군의 집안과 왕손의 집안에는
특이한 향기가 처소에 어지러이 엉기네.
정옹丁翁이 그 골수 씻었다 누가 말했나
죽로차를 산사에서 바치는 걸.
호남의 희귀한 보물은 네 종류로 일컫는데
완당 노인의 감식안은 당세의 으뜸이네.
해달과 수선과 빈랑의 잎
이것들과 서로 같아서 귀천이 없네.
초의 스님이 마련해 보내셨기에
산방에서 봉한 편지 자하에게 올렸네.
나는 일찍이 어렸을 때부터 어르신을 따랐기에
한 그릇 찻물을 나누니 뜻이 애틋해지네.
뒤에 완산(전주)을 여행했지만 구할 수 없어서
몇 해나 숲 속에서 아쉬움이 남았던지.
고경古鏡 스님이 홀연히 한 봉지 보내왔는데
둥글지만 사탕이 아니고, 떡이지만 붉지 않네.
새끼줄로 꿰어서 포개고 포개
켠켠이 쌓인 것이 110조각이네.
두건 벗고 소매 걷고 반갑게 봉함 여니
침상 앞에 흩어진 차들 일찍이 보았던 것이라네.
돌솥에 새로 길어 온 물을 끓이는데
아이에게 즉시 명하여 부채질을 재촉하네.
백 번 천 번 끓어 게눈 같은 물결이 솟아오르는데
한 점 두 점 참새 혀 같은 찻잎을 가리네.

가슴속이 시원하고 잇몸에 단맛이 도는데
마음을 알아주는 친구들이 두루 있지 못함을 한하네.
황산곡黃山谷은 시로써 동파 노인을 전송했을 뿐
보이차 한 잔으로 전송했다는 말 듣지 못했네.
육우의 『다경』은 다인들에게 전파되었지만
죽로차를 넣어 편찬했다는 말은 듣지 못했네.
심양瀋陽 저잣거리의 보이차는 가격이 가장 높아서
한 봉지를 사려면 한 필의 비단을 맞바꾸어야 한다네.
계북薊北의 타락駝酪은 어즙처럼 걸쭉하여
차를 종으로 부르며 함께 차림상에 올라가네.
우리나라 보림사의 차가 최고이니
찻물에 유화乳花*가 떠올라도 근심할 것 없지.
번잡함을 제거하고 기름기를 없애는 것이 세상에 없어서는 안 되니
우리 국산으로 충분하여 저 중국 것은 부러워하지 않는다네.

普林寺在康津縣 縣屬湖南貢楛箭
寺傍有田田有竹 竹間生草露華瀼
世人眼眵尋常視 年年春到任蒨蒨
何來博物丁洌水 敎他寺僧芽針選
千莖種種交織髮 一掬團團縈細線
蒸九曝九按古法 銅甁竹篩替相碾

* 유화乳花 차를 끓일 때 일어나는 유백색乳白色의 거품을 말한다.

天竺佛尊肉九淨　天台仙姑丹九煉
筐之筥之籤紙貼　雨前標題殊品擅
將軍戟門王孫家　異香繽紛凝寢蘧
誰說丁翁洗其髓　但見竹露山寺薦
湖南希寶稱四種　阮髥識鑑當世彦
海櫃酖蒜檳榔葉　與之相埒無貴賤
草衣上人齎以送　山房緘字尊養硯
我曾眇少從老長　波分一椀意眷眷
後遊完山求不得　幾載林下留餘戀
鏡釋忽投一包裹　圓非蔗餹餠非茜
貫之以索疊而疊　纍纍薄薄百十片
岸幘褰袖快開函　床前散落曾所眄
石鼎撑煮新汲水　立命童竪促火扇
百沸千沸蟹眼湧　一點二點雀舌揀
胸膈淸爽齒齦甘　知心友人恨不遍
山谷詩送坡老歸　未聞普茶一盞餞
鴻漸經爲甕人沽　未聞普茶參入撰
潘肆普茶價最高　一封換取一疋絹
薊北酪漿魚汁脺　呼茗爲奴俱供膳
最是海左普林寺　雲脚不憂聚乳面
除煩去膩世固不可無　我産自足彼不羨

출전: 『가오고략』嘉梧藁略 4책

해설　이유원은 조선 후기의 손꼽히는 차 애호가 중 한 사람이다. 이 시를 통해 죽로차가 전라남도 강진 보림사의 대밭에서 자생했으며, 찻잎의 선별과 구증구포법 등이 정약용에 의해 보림사의 스님들에게 전해졌음을 알 수 있다(시에서 말한 정열수 丁洌水, 정옹丁翁은 정약용을 가리킨다). 또 그중에서도 우전차는 중국의 보이차에 비해서도 뒤질 것이 없는 품질이었음을 알 수 있다. 이유원의 『임하필기』 제32권에도, 간략하지만 보림사의 우전차에 대한 언급이 있다. 이하 이유원의 차시에 대해서는 정민 교수의 글을 많이 참조하였다.

이유원 李裕元, 1814~1888

정향수 아래에서 향기를 맡고 명차를 추억하다
丁香樹下聽香 憶名茶

1

상자 속에 옛 차를 보관했는데
속세에서 10년 동안이나 혼탁해졌네.
맑은 물 아래에서 씻어야 할 지니
원규元規는 존귀한 게 아니라오.*

篋中藏舊茗 塵土十年昏

洗滌淸流下 元規莫自尊

2

차가 어찌 원래 이러했겠는가?

• **원규元規는 존귀한 게 아니라오** 묵은 차의 먼지는 씻어내야 하는 것이지 좋은 게 아니라는 의미이다. 원규는 진晉나라 때 막강한 권력을 자랑하던 유량庾亮의 자이다. 한번은 그가 올 때 큰 바람이 불어 먼지가 일자 평소 유량을 싫어하던 왕도王導가 부채를 부치며 "원규의 먼지가 사람을 더럽힌다"(元規塵汚人) 하였다. 이 고사를 변용한 표현이다.

퇴락한 행랑에 버려진 지 오래기 때문이네.
쥐와 벌레의 발자취가 서로 섞여
이리저리 굴러다녔던 게지.

茗豈原來斯 頹廊棄實久
鼠虫跡互成 西突又東走

3

차가 썩은 게 참으로 딱하여
등나무에 떠서 담갔다네.
한 번 삶으니 형체를 바꾸고
다시 끓이니 윤기가 도네.

我其憐茗朽 舀蘸藤蘿兒
一服換形殼 再烹潤膚肌

4

봄바람이 대臺 위의 정자에 높이 부니
차의 기운과 꽃향기가 뒤섞이네.
깨끗한 인간 세상에서의 인연

소리소리가 시원한 솔바람과 어울리네.

春風臺榭高 茗氣花香雜

灑落人間緣 聲聲松韻颯

5

구양수歐陽修는 때 낀 벼루를 씻었고
심약沈約은 야윈 몸을 깨끗하게 했다네.*
차 애호가들은 고금이 없으니
차가 어찌 속세의 먼지로 인해 누가 되겠는가?

歐陽洗垢硯 沈約潔癯身

癖好無今古 茗胡累以塵

출전: 『가오고략』 5책

해설　10년을 보관한 옛 차를 음미하고 쓴 시이다. 10년 동안 속세의 먼지가 쌓였지만 씻어서 끓이니 그 훌륭한 맛이 그대로 유지되었음을 알 수 있다.

• **구양수歐陽修는~했다네**　구양수는 글씨를 잘 쓴데다 차를 좋아하였고, 심약은 야윈데다 차를 좋아하였기 때문에 이렇게 표현한 것이다.

이유원 李裕元, 1814~1888

오팽년차 吳彭年茶

오군의 철필은 고금에 걸쳐 기이하니
대나무 위에 쓴 벽로방碧蘆舫 글씨 보았네.
입이 넓고 꼬리가 긴 새로운 제품이니
밖은 담황색이고 안은 흰색인 좋은 도자기네.
반쯤 기운 엉성한 획은 모호하게 빠져 있고
세 글자를 초록해 쓴 것은 박아博雅한 스승˙이네.
손 가는 대로 차를 헤아려 얼마간 마시며
평상 머리에서 은침차의 향기를 맡네.

吳君鐵筆古今奇 蘆舫曾看竹上辭 口廣尾長新品製 外緗內白好窯瓷
半欹癡畫糢糊缺 三字鈔題博雅師 隨手量茶多少啜 床頭香聞銀針兒

출전: 『가오고략』 5책

해설 오팽년吳彭年의 이름을 딴 차를 마시고 지은 시. 이유원의 『임하필기』 제34권에 철필로 유명한 소산小山 오규일吳圭一이라는 인물이 나오는데, 오팽년은 바로 이 사람으로 추측된다. 시의 내용을 보면 오팽년 역시 대단한 차 애호가임을 알 수 있다.

• **박아博雅한 스승** 추사 김정희를 말한다. 김정희가 이유원에게 '벽로방'이란 글씨를 써주었다.

이유원 李裕元, 1814~1888

가오 노인의 환향 嘉梧老人還鄉……

화분을 가지고 함께 돌아오는 길에
도처에서 차 달이느라 이웃에게 불 빌리네.
한가함과 바쁨이 마을 밖의 장소에 어찌 상관이리
오고 감은 노년의 몸과는 관계없네.
푸른 갈대가 있는 물을 누가 거슬러 오르는가
잔설이 처마에 있어 나로 하여금 돌아다니게 하네.
잠은 없어 길이 꿈에 들 수 없고
시골 살림은 여전히 빈한한 집일세.

携他花盎共歸輪 隨到茶壺火乞隣 閑劇那關鄉外地 去來無係老年身
蒼葭在水云誰溯 殘雪留簷使我巡 眼福不能長入夢 邨容依舊數椽貧

출전: 『가오고략』 5책

원제 가오 노인이 고향에 돌아가서 수선화 화분 하나를 수레 앞에 두고 마부에게 명하여 다병을 걸어두었다. 그리하여 들이나 시냇가의 주막을 만나면 곧바로 한 잔의 물을 마시고 화분의 경물을 뚫어지게 바라보았다. 嘉梧老人還鄉 置水仙花一盆 於車前 命僕夫掛茶壺 遇野店溪舍 輒啜一盞水 眤視盆景

해설 가오嘉梧는 지금의 경기도 양주에 속한 곳으로, 이유원은 1859년 46세에 이곳에 별장을 마련하였다. 여기서 이유원은 수레에 차병을 걸어두고 다니며, 경치를 감상하며 차를 마셨음을 알 수 있다.

이유원 李裕元, 1814~1888

차를 마시고 읊조리다 啜茶吟

1

스님 같은 생활에 의아하게도 머리털 있고
처자 같은 몸가짐에 쑥스럽게도 분만 바르지 않았네.
다병 속의 차고 따뜻한 맛을 다 맛보았으니
만년에 차 미치광이라 불린들 무슨 상관이리오.

居若僧寮訝有髮 隱如處子愧無鉛
閱盡窰壺寒暖味 衰年何妨喚茶顚

2

청산에서 이 잡느라 독서에 게으르니
잠 속의 생애임을 스스로 안다네.
수액水厄*은 오히려 이곳에 이르지 않고

• **수액水厄** 원래는 수재水災를 말하는 것이나, 여기서는 무리하게 차를 많이 마시는 것을 일컫는다. 중국의 왕몽王濛이 차를 매우 좋아하여 손님이 그의 집에 가면 반드시 차를 마시게 되므로, 당시 사대부들이 이를 매우 고통스럽게 여겨, 왕몽의 집을 방문할 때마다 "오늘은 수액이 있을 것이다"라고 한 데서 온 말이다.

마른 창자가 오그라들어 굶주림을 견디지 못하겠네.

靑山捫蝨抱書遲 睡裏生涯也自知
水厄此間猶不到 枯腸縮縮未堪飢

3

늙어버리면 원래 의기意氣가 적어지니
심드렁하게 집안일엔 아예 상관 않는다네.
그래도 한 가닥 힘을 쏟는 곳이 있으니
차를 끓이고 학을 사육하느라 완전히 한가한 것은 아니라네.

老去原來少氣岸 尋常家冗並無關
猶有一端專力處 烹茶飼鶴未全閒

출전: 『가오고략』 5책

해설   차를 몹시 좋아하는 자신의 모습을 읊은 시이다. 스스로 차 미치광이라고 할 만큼 아무리 마셔도 싫증이 나지 않아, 만년에는 오로지 차 끓이고 학을 기르는 재미에만 푹 빠져 있다고 하였다.

이유원 李裕元, 1814~1888

새로운 차를 시음하며 試新茶

촉주蜀州의 작설차雀舌茶는 고금에 이름이 났고
오취차烏嘴茶˙는 맥과차麥顆茶˙만큼은 향기가 없구나.
옻칠한 금자패金字牌˙를 보내는 심양 길에서
첫 잔의 소리가 둘째 잔보다 좋아라.

蜀州雀舌名今古 烏嘴無多麥顆香

漆牌金字瀋陽路 一盞聲增二盞良

출전: 『가오고략』 5책

해설　새로 구한 중국산 작설차, 오취차, 맥과차를 시음하고 쓴 시이다.

- **오취차烏嘴茶**　중국 광동성 봉황산鳳凰山 지역에서 나는 오룡차烏龍茶의 일종인 봉황수선鳳凰水仙을 말하는데, 특히 잎 끝이 뾰족하게 튀어나와 까마귀 부리와 같이 생겼다하여 오취차라고 한다.
- **맥과차麥顆茶**　녹차의 일종인데, 찻잎의 모양이 보리 알갱이를 닮아서 맥과차라고 한다.
- **금자패金字牌**　원래는 옻칠한 명찰에 금박으로 글을 써서 보내는 조서詔書를 뜻하는데, 여기서는 금박으로 글씨를 새긴 차 상자를 말한다.

이유원 李裕元, 1814~1888

7월 18일에 진전*의 다례에 참석하려다가 느낀 바가 있어 七月十八日 將赴眞殿茶禮 有感

옛날, 바로 이날에 부용정에서
'청선'이라는 시제로 시를 지어서 바치느라 묵 향기 났지.
첩첩이 쌓인 시 구절은 임금님의 열람을 거쳤고
낭랑한 임금님의 목소리는 간곡한 말씀이었네.
흐르는 세월에 또다시 세 번째의 가을이 되니
지난 일에 한번 눈물을 떨구지 않음이 없네.
태평한 시대에 벼슬을 그만둔 옛 신하는
그 밝은 화톳불이 꺼지기 전에 붉은 궁전을 배알해야겠네.

昔年此日芙蓉亭 廣進聽蟬批墨馨 疊疊詩箋經乙覽 琅琅天語下丁寧
流光又是三秋屆 往事無非一淚零 聖代收簪餘舊老 趁他明燎拜彤庭

출전: 『가오고략』 5책

해설 벼슬에서 물러난 이유원이 궁궐의 다례茶禮에 참석하던 길에, 옛 일을 회상하며 지은 시이다. 조선 후기 진전眞殿에서 다례가 수시로 행해졌음을 알 수 있다.

• **진전眞殿** 창덕궁 안에 있던 조선 역대 왕들의 어진御眞을 모신 전각으로 선원전璿源殿이라 한다.

이유원 李裕元, 1814~1888

밀양의 황차를 보내준 정은 상공에게 사례하다
謝貞隱相公 贈密陽黃茶

1

깊은 대숲의 창 그늘에서 날 기다리다가
낙성洛城의 봄꿈이 가물가물해지겠지.
한 잎의 청량한 맛이 어이 왔는고?
흉금을 씻어 지난번의 잘못을 깨닫겠네.

幽竹窓陰待我歸 洛城春夢轉依微

何來一葉淸凉味 滌了胸襟悟昨非

2

어린 아이들 분주하게 이름난 샘물 길러 와
두레박을 세우고 솥을 거느라 앞서거니 뒤서거니.
심양 거리 천상의 차도 오히려 양보한 터이니
이를 통해 정은貞隱 노인이 장수하는 법을 알 수 있네.

短童奔走汲名泉 竪罐橫鐺錯後前

潘肆川箱猶退步 從知貞老以延年

출전: 『가오고략』 5책

해설 정은 상공相公에게서 밀양에서 나는 황차를 선물 받고 감사의 뜻을 전한 시이다. 정은 상공은 강로姜㳣(1809~1887)라는 인물이다. 그 내용을 보면 밀양의 황차가 상당히 유명하였음을 알 수 있다.

이유원 李裕元, 1814~1888

신 판추에게 차를 구하다 乞茶申判樞

초의 늙은 스님이 명차를 가리기 위해
이방異邦을 친히 방문하여 차 싹을 옮겨 심었다네.
바람결의 외로운 구름은 자옥子玉의 보譜*요
곡우 전의 푸른 눈은 비릉毗陵의 집*에서 난 것이네.
대나무 껍질로 꽉 싼 걸로 봐서 새로 만든 것임을 알겠고
편지지에 보푸라기 있으니 시일이 얼마 지나지 않았음을 느끼겠네.
더위 먹은 삼복에 흰머리를 돌리니
맑은 향기가 장군의 관아에 틀림없이 쌓여 있겠네.

草衣老釋揀名茶　自足殊邦移種芽
風末孤雲子玉譜　雨前靑雪毗陵家
竹皮套緊知新製　書面毛生感不遐
病喝三庚回白首　淸香應貯將軍衙

출전: 『가오고략』 5책

- **자옥子玉의 보譜** 중국 당나라 때 시인 노동이 엮었다는 『다보』茶譜를 말하는 듯하다.
- **비릉毗陵의 집** 이유원의 『임하필기』에 비릉 선생이 나오는데, 자세한 사항은 미상이다.

해설　신 판추는 아마도 판중추부사를 역임했던 신헌申櫶이 아닌가 여겨진다. 이 시의 내용은 이유원이 신헌에게서 초의가 심었다는 차를 구한 사실을 읊은 것이다. 그 차는 아마도 우전차였던 듯 '곡우 전'이라 하였으며, 찻잎을 막 따서 대나무 껍질에 싸서 보내온 것임을 알 수 있다. 차와 편지를 받은 정황이 잘 표현된 시이다.

금원당 김씨 錦園堂 金氏, 1817~?

청간정에서 월출을 구경하며 淸澗亭月出

저녁 구름 가로 하늘이 파랗게 터지니
온갖 만물은 새롭기가 천지개벽 때와 같구나.
눈치 빠른 아이종이 차를 달이려고
솔숲에 스며든 달빛 일렁이며 맑은 샘물 긷네.

片天靑綻暮雲邊 萬象新同開闢年
解事奚童將煎茗 漏松缺月汲淸泉

출전: 『호동서락기』湖東西洛記

해설 오랜 장마 끝, 마치 천지개벽 때처럼 구름 새로 파아란 하늘이 터졌다. 이런 저녁의 정경이란 차를 마시기에 맞춤인데, 동자가 눈치 빠르게 솔숲 사이로 달빛이 비친 샘물을 긷는다. 역시 시각적 이미지가 두드러지는 여성적 정조의 작품이다.

강위 姜瑋, 1820~1884

고베에 금강씨가 있는데 선조가 조선 사람이다
神戶有金江氏 其先朝鮮人也……

일찍이 말을 몰아 요양을 지나던 것을 기억해보니
촉서蜀黍와 호마胡麻가 아득하게 이어져 있네.
유독 고려장高麗莊 밖의 길에
다락논 있음 보고서 고향을 그리워했네.[1]

記曾驅馬過遼陽 蜀黍胡麻接渺茫

獨有高麗莊外路 水田如衲見思鄉

[1] 요동 벌판에는 논이 없는데, 오직 고려장 앞에만 논이 있다(遼東大野無水田, 獨高麗莊前有之).

출전:『고환당수초』古歡堂收艸 시고詩稿 권15

원제 고베에 금강씨가 있는데, 그 선조는 조선 사람이다. 본국의 옛 제도대로 사기그릇을 업으로 만들어 찻잔과 구대 두 좌坐를 바치는데, 근본을 잊지 않음을 기억하려는 것이다. 이 사실을 시로 지어준다. 神戶 有金江氏 其先朝鮮人也 業造本國古制砂器 獻茶盞具臺二坐 志不忘本也 賦咏以贈

해설 강위는 추사 김정희의 제자로 1873년에서 1884년까지 10여 년간 중국을 세 차례, 일본을 두 차례 방문하였다. 고베神戶는 일본 관서 지방의 무역항으로, 강위는 이곳에서 만난 조선 도공의 후예에게서 찻잔을 선물받고 이 시를 지어주었다.

허훈 許薰, 1836~1907

금강령차 金剛靈茶

금강 골짜기 안에 푸른 찻잎이 뾰족뾰족한데
아름다운 맛은 고저顧渚*의 향기와 진실로 같네.
무슨 일로 옛날에 경망스럽게 설을 지었던고?
뛰어난 품질이 우리나라에서 으뜸임을 비로소 알겠네.[1]

金剛谷裏綠旗槍 美味眞同顧渚香

何事昔年輕費說 始知奇品冠東方

[1] 내가 일찍이 설說을 지어 금강차를 배척하였는데, 뒤에 『다경』을 고찰해보고 이 차의 품질이 매우 좋다는 것을 비로소 알았다(余嘗著說 斥金剛茶矣 後攷茶經 始知此茶品甚佳).

출전: 『방산집』舫山集 권2

• **고저**顧渚 당나라 육구몽陸龜蒙의 호. 차를 좋아하여 고저산顧渚山 밑에 다원茶園을 두었다.

해설   이 시는 허훈의 「금관십육영」金官十六詠 중 제10수이다. 여기서 금강령차란 김해 금강곡金剛谷에서 나는 특산차로 일명 장군차라고도 한다(이어서 나오는 이종기의 「금강령차」 참조).

이종기 李種杞, 1837~1902

금강령차 金剛靈茶

금강 골짜기에서 신령한 차가 생산되는데
뾰족한 차 싹을 달여내니 맛이 강렬하고 아름답네.
잘못하여 장군이라는 속된 호칭을 남겼으니
향기 머금고 바위 골짜기에서 늙음만 못하다네.[1]

金剛谷裏産靈茶 煎出槍旂味烈佳
誤把將軍留俗號 不如含馥老巖谺

[1] 이 차를 장군차라고도 하는데, 그 나무가 힘이 세기 때문이다(茶一名將軍茶, 以其有力故也).

출전: 『만구집晚求集』 권1

해설 마찬가지로 금강령차를 읊은 시이다. '창기'槍旂는 갓 움튼 차잎을 말한다. 『피서록』避暑錄을 보면, "차의 극품極品은 오직 쌍정·고저인데, 그 첫 움이 작설과 같은 것은 창槍이라 이르고 조금 벌어져 잎이 벌어진 것은 기旂라 한다"고 하였다.

곽종석 郭鍾錫, 1846~1919

차를 달이는 부뚜막 煎茶竈

돌 부뚜막에 좋은 내음 나더니
차 연기가 석양에 일어나네.
봉래산은 어드메요?
돌아가 옥처럼 향기로운 찻잎을 따야겠네.

石竈羞葷飪 茶煙起夕陽
蓬山何處是 歸去採瓊香

출전: 『면우집』俛宇集 권8

해설 곽종석은 한말의 유학자이자 독립 운동가로 유명한 인물이다. 그는 경남 거창이 고향이었는데, 이 시는 아마도 그곳에 은거할 때 지은 것이 아닌가 여겨진다.

신기선 申箕善, 1851~1909

소룡*이 만응오시차*를 나누어주기에 네 수의 절구를 사례하며 드리다 小龍分惠萬應午時茶 謝呈四絶

1

8년 동안 육우의 『다경』을 잊고 지냈는데
차 한 봉지를 보내온 친구의 우정이여.
솔바람 불어올 제 난초 이슬 마시니
맑은 향기가 배 가득 생김을 문득 깨닫네.

八載相忘陸羽經 一封寄到故人情
松風吹斷傾蘭露 陡覺淸香滿肚生

• **소룡小龍** 아마도 김양한金亮漢이라는 인물이 아닌가 추측된다.
• **만응오시차萬應午時茶** 자세한 것은 미상이나, 오시차午時茶란 보통 무더울 때 더위를 식히고 열을 내리는 효과가 있는 차를 말한다.

2

번뇌 씻고 장기瘴氣 없애는 데 효과가 탁월해
강한 바람이 쌓인 구름을 쓸어버리는 것과 흡사하네.
두 겨드랑이가 훨훨 가벼이 들리려 하니
가슴속에 5천 문文의 돈을 어디에 쓰겠는가.

滌煩消瘴有奇勳 恰似勁風掃積雲
兩腋儒儒欲輕擧 胸中安用五千文

3

상양上洋*의 전포에서 새 차 싹을 가는데
떡도 아니고 경단도 아닌 것이 모양이 더욱 아름답네.
한스러워라, 양자강의 남령수南零水가 없어
호상胡常의 최고급 차에 못 미침이.

上洋舖裏碾新芽 非餠非團製更佳
恨無揚子南零水 屈殺胡常上上茶

• **상양上洋**   중국 상해를 말한다.

4

재(嶺) 밖에서 은근하게 오랜 우정을 증명하기 위해
차를 나에게 나누어주려고 새 포장을 뜯었네.
국화 나물과 무장아찌를 저장하지 못해
멋대로 시구를 가지고 옥같이 귀한 선물에 답하려 하네.

嶺外慇懃證舊交 酪奴分我解新包
未貯菊虀蘆䑋鮓 漫將詩句抵瓊瑤

출전: 『양원유집』陽園遺集 권2

해설 소룡이라 불리던 벗에게서 만응오시차를 선물받고 그 고마움을 읊은 시이다. 그 내용을 보면 작자는 차가 번잡함을 씻고 장기를 없애는 데 효과가 있다고 하였다.

부록

- 인명 사전
- 서명 사전
- 찾아보기

인명 사전

가도賈島　　중국 당나라 때 범양范陽 사람으로 자는 낭선浪仙. 일찍이 중이 되었으나, 그의 시재詩才가 한유韓愈에게 알려진 뒤 환속하여 장강長江의 주부가 되었다.

강위姜瑋　　1820(순조 20)~1884(고종 21). 본관은 진주, 자는 중무仲武·위옥葦玉, 호는 추금秋琴. 1876년 강화도조약 체결 당시 필담을 정리하였고, 『한성순보』漢城旬報를 간행했다. 김택영金澤榮·황현黃玹과 함께 한말 3대 시인으로 불린다. 저서로 『동문자모분해』東文子母分解, 『손무자주평』孫武子注評, 『고환당집』古歡堂集, 『용학해』庸學解 등이 있다.

곽종석郭鍾錫　　1846(헌종 12)~1919. 본관은 현풍, 자는 명원鳴遠, 호는 면우俛宇. 1919년 3·1운동이 일어나자 김창숙金昌淑과 함께 파리 만국평화회의에 독립호소문을 보내고 옥고를 치렀다. 이진상李震相의 제자로 주리主理에 입각한 이기설理氣說을 주장하였다. 저서에 『면우집』이 있다.

구양수歐陽脩　　중국 송나라 때 문인. 호는 취옹醉翁·육일거사六一居士, 시호는 문충文忠. 당송팔대가唐宋八大家의 한 사람으로 최초의 시화집인 『육일시화』六一詩話를 남겼으며, 저서에 『구양문충공집』歐陽文忠公集이 있다.

금원당 김씨錦園堂 金氏　　1817(순조 17)~?. 조선 말기의 시인. 금원은 호. 김덕희金德熙의 소실로, 서울 용산의 삼호정에서 벗들과 어울려 시문을 지으며 삼호정시단三湖亭詩壇을 형성했다. 저서로『호동서락기』湖東西洛記가 있다.

기윤紀昀   중국 청나라 때 하간河間 사람으로, 자는 효람曉嵐, 호는 석운石雲. 문연각 직학사와 예부 상서를 역임했다. 고증학에 밝았으며 사고전서四庫全書 발간의 총책임을 맡았다. 박제가朴齊家와 친교가 깊었다.

김경연金敬淵   1786(정조 10)~1820(순조 20). 본관은 청풍, 호는 담재覃齋. 1816년 김정희와 함께 진흥왕 순수비眞興王巡狩碑를 찾았다. 저서로『동리우담』東籬耦談이 있는데 중국에서 간행되었다.

김노경金魯敬   1766(영조 42)~1837(헌종 3). 본관은 경주, 자는 가일可一, 호는 유당酉堂. 김정희의 아버지. 1805년 문과에 급제하여 이조·예조·병조 판서 등을 지냈다. 1830년 탄핵을 받아 고금도에 위리안치되었다가 4년 만에 풀려났다.

김려金鑢   1766(영조 42)~1822(순조 22). 조선 후기의 문인. 본관은 연안, 자는 사정士精, 호는 담정藫庭. 이옥李鈺과 함께 조선 소품체小品體 작가의 대표적 인물이다. 저서로『담정유고』,『우해이어보』牛海異魚譜 등이 있고,『한고관외사』寒皐觀外史,『창가루외사』倉可樓外史 등 야사집을 편찬했다.

김매순金邁淳   1776(영조 52)~1840(헌종 6). 본관은 안동, 자는 덕수德叟, 호는 대산臺山, 시호는 문청文淸. 1795년 정시문과에 급제하여 예조 참판을 지냈다. 여한십대가麗韓十大家의 한 사람으로 꼽히며, 저서에『열양세시기』洌陽歲時記,『대산집』이 있다.

김명희金命喜   1788(정조 12)~1857(철종 8). 본관은 경주, 자는 성원性源, 호는 산천山泉. 김정희의 아우. 1810년 진사시에 합격하여 현감을 지냈다. 1822년

부친을 따라 북경에 가서 『해동금석원』海東金石苑의 저자인 유희해劉喜海 등과 교분을 맺었다.

김석준金奭準　　1831(순조 31)~1915. 본관은 선산, 자는 희보姬保, 호는 소당小棠·묵지도인墨指道人. 중인 출신으로 이상적李尙迪의 문인이며, 김정희의 사랑과 훈도를 받았다. 금석金石·시·화에 능했으며, 특히 안진경체顔眞卿體와 북조의 예법隷法에 뛰어났다.

김양순金陽淳　　1776(영조 52)~1840(헌종 6). 본관은 안동, 자는 원회元會, 호는 건옹健翁. 김이례金履禮의 아들. 1809년 문과에 급제하여 이조 판서를 지냈다. 편서로 『탄옹행장』炭翁行狀이 있다.

김유근金逌根　　1785(정조 9)~1840(헌종 6). 본관은 안동, 자는 경선景先, 호는 황산黃山, 시호는 문정文貞. 김조순金祖淳의 아들. 1810년 문과에 급제하여 이조 판서를 지냈다. 시서에 능했고, 특히 괴석도怪石圖를 잘 그렸다. 신위申緯·권돈인·김정희와 교유했다.

김인항金仁恒　　1749(영조 25)~1828(순조 28). 본관은 김해, 자는 사범士範, 호는 도촌道村. 김치구金致龜의 아들. 재야 학자로 지내며 벼슬하지 않았다. 저서에 『도촌유고』가 있다.

김재원金在元　　1768(영조 44)~1833(순조 33). 본관은 광산, 자는 이형而亨, 호는 동로東老. 김기응金箕應의 아들. 1816년 별시문과에 급제하였고, 의주부윤을 지냈다. 1820년 완당 별장에서 초의 의순草衣意恂·김유근·김경연과 함께 시를 지었다.

김정희金正喜　　1786(정조 10)~1856(철종 7). 본관은 경주, 자는 원춘元春, 호는 완당阮堂·추사秋史 등. 김노경의 아들로, 김노영金魯永의 후사가 되었다. 1819년 문과에 급제하여 이조 참판에 이르렀다. 서화에 뛰어나 추사체를 대성했으며, 실사구시實事求是를 학문적 바탕으로 삼았다. 저서로『완당집』,『금석과안록』金石過眼錄,『담연재시고』覃硏齋詩稿 등이 있다.

나대경羅大經　　중국 송나라 때 여릉廬陵 사람으로, 자는 경륜景綸, 호는 유림儒林·학림鶴林. 용주容州 법조연을 역임했으며, 저서에『학림옥로』鶴林玉露,『역해』易解 등이 있다.

노동盧仝　　중국 당나라 때 제원濟源 사람으로, 옥천자玉川子라 자호했다. 차의 품평을 잘했으며, 차를 예찬한「다가」茶歌가 유명하다.

도곡陶穀　　중국 송나라 때 신평新平 사람으로, 자는 수실秀實. 예부·형부·호부 상서를 역임하였고, 경사經史에 널리 통했다고 한다. 저서에『청이록』淸異錄이 있다.

도잠陶潛　　중국 진晉나라 때 시인으로, 자는 연명淵明, 호는 오류선생五柳先生. 팽택령이 되었다가「귀거래사」歸去來辭를 남기고 귀향하였다. 자연의 아름다움을 노래한 시가 많으며, 저서에『도연명집』이 있다.

두보杜甫　　중국 당나라 때의 시인으로, 자는 자미子美. 두릉杜陵에 살면서 두릉포의杜陵布衣라 자호했다. 검교공부 원외랑을 지냈다. 이백과 함께 이두李杜로 병칭되며, 시성詩聖이라 일컫는다. 문집에『두공부집』杜工部集이 있다.

문동文同　　중국 송나라 재동梓潼 사람. 자는 여가與可, 호는 소소선생笑笑先

生·석실선생石室先生. 호주湖州 수령을 역임하였기 때문에 문호주文湖州로도 일컫는다. 저서에 『단연집』丹淵集이 있다.

미불米芾　중국 북송 때의 서화가. 자는 원장元章, 호는 해악海岳. 필법은 침착 통쾌하여 준마를 탄 듯하다고 하며, 산수화에 뛰어나 남화南畵의 대표로 일컬어진다. 저술로 『서사』書史, 『화사』畵史, 『연사』硯史 등이 있다.

박윤묵朴允默　1771(영조 47)~1849(헌종 15). 본관은 밀양密陽, 자는 사집士執, 호는 존재存齋. 시문에 뛰어났고, 글씨는 왕희지·조맹부의 필법을 이어받았다. 저서로 『존재집』이 있다.

박종훈朴宗薰　1773(영조 49)~1841(헌종 7). 본관은 반남, 자는 순가舜可, 호는 두계荳溪, 시호는 문정文貞. 1802년 문과에 급제하여 좌의정까지 지냈다. 저서로 『사례찬요』四禮纂要, 편서로 『반남박씨세보』潘南朴氏世譜가 있다.

반고班固　중국 동한 명제 때의 학자로, 자는 맹견孟堅. 아버지 반표班彪의 뒤를 이어 『한서』漢書를 완성시켰다.

백파白坡　1767(영조 43)~1852(철종 3). 속성은 이李, 이름은 긍선亘璇, 백파는 법호法號. 12세 때 선운사에서 출가하였고, 백양산 운문암에서 선문禪門의 종주로 추앙받았다. 저서에 『정혜결사문』定慧結社文, 『선문수경』禪門手鏡 등이 있다.

범성대范成大　중국 송나라 오현吳縣 사람. 자는 치능致能, 호는 석호거사石湖居士, 시호는 문목文穆이며, 숭국공崇國公에 봉해졌다. 참지정사를 지냈으며, 저서로 『석호집』, 『오선록』吳船錄 등이 있다.

부 대사傅大士　　중국 양나라의 승려. 이름은 흡翕, 자는 현풍玄風. 양 무제를 귀의시켜 중국 불교 발전에 기여하였다. 몽산정蒙山亭에 암자를 짓고 차를 가꾸었으며, 성양화聖楊花·길상예吉祥蕊란 차를 임금께 바쳤다.

사마상여司馬相如　　중국 전한 때의 문인으로, 자는 장경長卿. 「자허부」子虛賦와 「상림부」桑林賦는 후대 부 문학에 많은 영향을 끼쳤다. 아내인 탁문군卓文君과 얽힌 이야기도 유명하다. 저서에 『사마장경집』이 있다.

서기수徐淇修　　1771(영조 47)~1834(순조 34). 본관은 달성, 자는 비연斐然, 호는 소재篠齋. 1801년 별시문과에 급제하였고, 모함으로 갑산에 유배되었다. 해배 이후 「유백두산기」遊白頭山記를 지었다. 이조 참의 등을 역임하였으며, 저서에 『소재집』이 있다.

서영보徐榮輔　　1759(영조 35)~1816(순조 16). 본관은 달성, 자는 경세慶世, 호는 죽석竹石, 시호는 문헌文憲. 1789년 문과에 급제한 뒤, 이조 판서와 대제학을 지냈다. 문장과 글씨에 뛰어났으며, 저서에 『죽석문집』, 『풍악기』楓嶽記가 있다.

서유구徐有榘　　1764(영조 40)~1845(헌종 11). 본관은 달성, 자는 준평準平, 호는 풍석楓石, 시호는 문간文簡. 서명응의 손자. 1790년 문과에 급제하여 대제학과 우참찬을 지냈다. 저서로 『임원경제지』林園經濟志와 『풍석전집』 등이 있다.

섭지선葉志詵　　중국 청나라 한양漢陽 사람으로, 자는 동경東卿. 병부 낭중을 역임했다. 글씨에 뛰어났고, 금석학金石學에 밝았으며 고동古董을 많이 소장했다. 김정희와 교유가 깊었다.

소식蘇軾　　중국 북송의 문인으로, 자는 자첨子瞻, 호는 동파東坡. 당송팔대가의 한 사람이며, 서화에도 능했다. 부친 소순蘇洵, 아우 소철蘇轍과 함께 삼소三蘇로 일컬어진다. 저서로 『소동파전집』이 있다.

소이蘇廙　중국 당나라 사람으로, 행적은 알려져 있지 않다. 저서에 『십육탕품』十六湯品이 있다.

소철蘇轍　중국 송나라 때 문인. 자는 자유子由, 호는 영빈유로穎濱遺老, 시호는 문정文定. 소식의 아우. 저서에 『시전』詩傳, 『춘추전』春秋傳, 『논어습유』論語拾遺 등이 있다.

손초孫樵　중국 당나라 관동關東 사람으로, 자는 가지可之·은지隱之. 한유와 교유하였다. 진사에 급제하여 중서 사인이 되었으며, 문집으로 『손가지집』이 있다.

송명흠宋明欽　1705(숙종31)~1768(영조44). 조선 후기의 문신. 본관은 은진, 자는 회가晦可, 호는 역천櫟泉, 시호는 문원文元. 1764년 경연관으로 정치 문제를 논의하다가 영조의 비위에 거슬리는 발언을 하여 파직되었다. 이조 판서에 추증되었으며, 저서로 『역천집』이 있다.

송옥宋玉　중국 전국 시대 초나라 사람으로, 굴원屈原의 제자. 굴원과 함께 굴송屈宋으로 병칭된다. 대부가 되었다가 실직하였다. 굴원이 쫓겨나자 「구변」九辨을 지어 슬퍼했다. 다른 작품으로 「고당부」高唐賦, 「신녀부」神女賦 등이 유명하다.

수룡袖龍　1777(정조 1)~?. 법명은 색성賾性, 수룡은 법호이다. 속성은 임任. 해남 출신. 두륜산 대둔사에서 출가하였고, 정약용에게 경학을 배웠다. 저서로 『대동선교고』大東禪教攷가 있다.

숙선 옹주淑善翁主　1793(정조 7)~1836(헌종 2). 정조正祖의 둘째딸이자, 홍현주의 아내. 깍두기를 처음 만들어 정조에게 바쳤다고 한다. 조선 시대 왕녀王女로는 유일하게 『의언실권』宜言室卷이라는 시집을 남겼는데, 총 273수의 시가 수록되어 있다.

신기선申箕善　1851(철종 2)~1909. 조선 말기의 문신. 본관은 평산, 자는 언여言汝, 호는 양원陽園, 시호는 문헌文獻. 1877년 문과에 급제하였으며, 1907년 친일유림단체인 대동학회大東學會의 초대 회장을 지냈다. 저서로 『양원집』, 『유학경위』儒學經緯가 있다.

신위申緯　1769(영조 45)~1845(헌종 11). 본관은 평산, 자는 한수漢叟, 호는 자하紫霞·경수당警修堂. 1799년 문과에 급제하여, 병조·호조 참판을 지냈다. 시·서·화 삼절로 명성이 높았다. 저서로 『경수당전고』, 『분여록』焚餘錄 등이 있다.

신재식申在植　1771(영조 46)~?. 본관은 평산, 자는 중립仲立, 호는 취미翠微, 시호는 문청文淸. 1805년 문과에 급제하여, 대제학과 이조 판서를 지냈다. 저서로 『취미집』이 있다.

신좌모申佐模　1799(정조 23)~1877(고종 14). 조선 후기의 문신. 본관은 평산平山, 자는 좌인左人, 호는 담인澹人. 1827년 사마시에 합격하였고, 이조 판서를 지냈다. 은퇴 후 많은 제자들을 배출하였다. 저서로 『담인집』이 있다.

신헌申櫶　1810(순조 10)~1884(고종 21). 본관은 평산, 자는 국빈國賓, 호는 위당威堂·금당琴堂, 초명은 관호觀浩, 시호는 장숙壯肅. 병조·공조 판서를 역임하였다. 저서에 『민보집설』民堡輯說, 『농축회통』農畜會通 등이 있다.

신헌구申獻求　　1823(순조 23)~1902(광무 6). 본관은 고령, 자는 계문季文. 1862년 문과에 급제한 뒤 예조 판서를 지냈으며, 1902년 4월 최익현崔益鉉, 장석룡張錫龍 등과 함께 궁내부宮內府 특진관特進官에 임명되었다.

심상규沈象奎　　1766(영조 42)~1838(헌종 4). 본관은 청송, 자는 가권可權·치교穉敎, 호는 두실斗室, 초명은 상여象輿, 시호는 문숙文肅. 1789년 문과에 급제하여 우의정을 지냈다. 『만기요람』萬機要覽을 편찬하였고, 저서에 『두실존고』斗室存稿가 있다.

안영晏嬰　　중국 춘추 시대 제나라 경공의 신하로 흔히 안자晏子라 부른다. 저서로 『안자춘추』晏子春秋가 있다.

영수합 서씨令壽閤 徐氏　　1753(영조 29)~1823(순조 23). 영조 때의 여류시인. 호를 영수합이라고도 한다. 홍인모洪仁模의 부인이자, 홍석주·홍길주·홍현주의 어머니이다. 저서로 『영수합고』令壽閤稿가 있다.

오연상吳淵常　　1765(영조 41)~1821(순조 21). 본관은 해주, 자는 사묵士默, 호는 약암約菴. 1800년 문과에 급제한 뒤, 안동부사와 이조 참판을 지냈다. 저서로 『약암집』이 있다.

옹방강翁方綱　　중국 청나라 때의 대학자. 자는 정삼正三, 호는 담계覃溪. 진사에 급제하여 내각 학사에 이르렀다. 저서로 『양한금석기』兩漢金石記, 『정의고보』精義考補, 『복초재전집』復初齋全集 등이 있다. 김정희와 교유가 깊었다.

왕수인王守仁　　중국 명나라 때 학자·정치가. 자는 백안伯安, 호는 양명陽明. 양광兩廣 총독을 지냈다. 지행합일론知行合一論과 치양지설致良知說을 주장한

양명학의 비조이다. 저서로 『왕문성전서』王文成全書, 『전습록』傳習錄이 있다.

왕진붕王振鵬 중국 원나라 때 영가永嘉 사람. 자는 붕매朋梅. 호는 고운처사孤雲處士. 조운천호를 역임하였다. 그림에 뛰어났는데, 신기神氣가 날아 움직였으며 화법에 구애받지 않았다.

유안劉安 중국 한나라 때의 회남왕淮南王. 고금의 치란治亂·흥망·길흉·화복과 괴이한 일들을 다룬 『회남자』淮南子를 저술했다.

유자휘劉子翬 중국 송나라 사람으로, 자는 언충彦沖. 무이산武夷山에서 부지런히 강학하였다. 학자들이 병산선생屛山先生으로 일컬었으며, 저서로 『병산집』이 있다.

유한당 홍씨幽閒堂 洪氏 1791(정조5)~?. 본관은 풍산. 심의석沈宜奭의 부인. 어머니는 영수각 서씨. 시재詩才가 뛰어났으며, 저서로 『유한당시고』가 있다.

육우陸羽 중국 당나라 때 경릉竟陵 사람. 자는 홍점鴻漸·계자季疵, 호는 경릉자竟陵子, 아호는 상저옹桑苧翁·동강자東岡子·동원선생東園先生 등이다. 평소에 차를 좋아해 다신茶神으로 받들어졌다. 저서로 『다경』茶經, 『고저산기』顧渚山記, 『남북인물지』南北人物志, 『오흥역관기』吳興歷官記, 『원해』源解 등이 있다.

육유陸游 중국 송나라 때 사람. 자는 무관務觀, 자호는 방옹放翁. 보장각寶章閣 대제를 지냈다. 시에 뛰어나서 검남 일파劍南一派를 이루었다. 저서로 『입촉기』入蜀記, 『남당서』南唐書, 『위남문집』渭南文集 등이 있다.

윤영희尹永僖 1761(영조 37)~1828(순조 28). 본관은 파평, 자는 외심畏心, 호

는 송옹淞翁. 1786년 문과에 급제하였고, 정언을 지냈다. 정약용과 교유하였다.

윤정기尹廷琦   1814(순조 14)~1879(고종 16). 조선 말기의 학자. 본관은 해남, 자는 경림景林, 호는 방산舫山. 외조부인 정약용의 학문적 영향을 받아 당대에 문명을 날렸으며, 평생 학문에만 정진하였다. 저서로『역전익속』易傳翼續,『시경강의속집』詩經講義續集,『방산유고』등이 있다.

윤정현尹定鉉   1793(정조 17)~1874(고종 11). 본관은 남원, 자는 정수鼎叟, 호는 침계梣溪, 시호는 효문孝文. 행임行恁의 아들. 1843년 문과에 급제하여 이조판서와 규장각 제학을 지냈다. 글씨에 뛰어났으며, 저서로『침계집』이 있다.

윤지눌尹持訥   1762(영조 38)~1815(순조 15). 본관은 해남, 자는 무구无咎, 호는 소고小皋. 1790년 문과에 급제하였고, 사헌부 지평 등을 역임했다. 정약용과 교유하였다.

윤휘정尹彙貞   1676(숙종 2)~?. 조선 후기의 문신. 본관은 파평, 자는 언길彦吉. 1722년 문과에 급제한 뒤, 신임사화에 관련된 소론 일파를 탄핵 논죄하였다. 홍문관의 부수찬·수찬·교리, 사간원 정언 등을 역임하였고, 참판에 올랐다.

의순意恂   1786(정조 10)~1866(고종 3). 본관은 나주, 자는 중부中孚, 호는 초의艸衣, 속성은 장張. 15세 때 남평 운흥사雲興寺에서 출가하였다. 정약용에게 시문을 배웠고, 김정희 등과 교유하였으며, 조선 다도의 정립자로 불린다. 두륜산에서 40년간 수행하였다. 저서로「동다송」東茶頌,『일지암유고』一枝庵遺稿 등이 있다.

이경재李景在   1800(정조 24)~1873(고종 10). 본관은 한산, 자는 계행季行, 호

는 송서松西·소은紹隱, 시호는 문간文簡. 1822년 문과에 급제하여 영의정에 이르렀다.

이광문李光文 1778(정조 2)~1838(헌종 4). 본관은 우봉, 자는 경박景博, 호는 소화小華, 시호는 문간文簡. 1807년 문과에 급제하였고, 이조 판서에 이르렀다.

이덕무李德懋 1741(영조 17)~1793(정조 17). 조선 후기의 실학자. 본관은 전주, 자는 무관懋官, 호는 형암炯庵·아정雅亭·청장관靑莊館. 박지원·홍대용·박제가·유득공 등 북학파 실학자들과 깊이 교유하였다. 저서로『청장관전서』,『청비록』淸脾錄 등이 있다.

이돈상李敦相 1815(순조 15)~?. 본관은 용인, 자는 경렴景濂·공후公厚, 호는 춘파春坡. 1864년 문과에 급제한 뒤 판서에 올랐다. 1880년 고금도로 유배당했다가 석방된 뒤 한성부 판윤을 역임하였다.

이만용李晩用 1792(정조 16)~?. 본관은 전주, 자는 여성汝成, 호는 동번東樊. 1857년 문과에 급제하였다. 저서로『동번집』이 있다.

이명오李明五 1750(영조 26)~1836(헌종 2). 본관은 전주, 자는 사위士緯, 호는 박옹泊翁·우념재雨念齋. 시사詩史에 뛰어났으며, 저서로『박옹시초』泊翁詩鈔가 있다.

이민보李敏輔 1720(숙종 46)~1799(정조 23). 조선 후기의 문신. 본관은 연안, 자는 백눌伯訥, 호는 풍서豊墅, 시호는 효정孝貞. 이희조李喜朝의 손자. 진사시에 합격한 뒤 호조 참판·공조 판서 등을 역임하였으며, 보국숭록대부에 올랐다. 저서로『풍서집』과『충역변』忠逆辨이 있다.

이백李白　중국 당나라 때의 시인. 자는 태백太白, 호는 청련거사靑蓮居士. 두보와 함께 중국 최고의 시인으로 꼽히며, 시선詩仙으로 불린다. 저서에 『이태백시집』이 있다.

이복현李復鉉　1767(영조 43)~1853(철종 4). 본관은 전주, 자는 견심見心, 호는 석견루石見樓. 1786년 참봉에 임명되었고, 청풍부사를 지냈다. 저서에 『석견루시초』가 있다.

이상적李尙迪　1804(순조 4)~1865(고종 2). 본관은 우봉, 자는 혜길惠吉, 호는 우선藕船. 김정희의 제자. 〈세한도〉歲寒圖는 이상적을 위해 그린 것이다. 역관 출신으로 지중추부사에 이르렀다. 저서로 『은송당집』恩誦堂集이 있다.

이서균李栖筠　중국 당나라 사람으로, 자는 정일貞一. 이길보李吉甫의 아버지. 진사에 급제한 뒤 상주자사常州刺史와 절서관찰사浙西觀察使를 지냈다. 행실이 훌륭하였으며, 찬황현자贊皇縣子에 봉해졌다.

이용수李龍秀　1776(영조 52)~?. 본관은 연안, 자는 자전子田, 호는 소홍小紅. 이조원李肇源의 아들. 1809년 문과에 급제하였다.

이유원李裕元　1814(순조 14)~1888(고종 25). 본관은 경주, 자는 경춘京春, 호는 귤산橘山·묵농默農. 1841년 문과에 급제하였고, 영의정을 지냈다. 조선 후기의 손꼽히는 차 애호가 중 한 사람이다. 저서에 『임하필기』林下筆記, 『가오고략』嘉梧藁略, 『귤산문고』 등이 있다.

이조원李肇源　1758(영조 34)~1832(순조 32). 본관은 연안, 자는 경혼景混, 호는 옥호玉壺. 민보敏輔의 아들. 1792년 문과에 장원으로 급제하여 이조 판서를 지냈다. 글씨를 잘 썼고 전각篆刻에 뛰어났다.

이종기李種杞   1837(헌종 3)~1902. 본관은 전의, 자는 기여器汝, 초명은 종도種燾, 호는 만구晩求·다원거사茶園居士. 영남 퇴계학파에 속하는 인물로 한주학파寒洲學派와 철학적 논변을 벌였다. 저서로『만구선생문집』이 있다.

이풍익李豊翼   1804(순조 4)~1887(고종 24). 본관은 연안, 자는 자곡子穀, 호는 육완당六玩堂. 월사月沙 이정귀李廷龜의 후손. 1829년 문과에 급제하여 예조 판서를 지냈다. 저서로『육완당집』,『동유첩』東遊帖이 있다.

이하곤李夏坤   1677(숙종 3)~1724(영조 1). 조선 후기의 문인화가. 본관은 경주, 자는 재대載大, 호는 담헌澹軒. 1708년 진사시에 급제하였고, 이후 고향인 진천에서 서화와 학문에 힘썼다. 저서로『두타초』頭陀草가 있으며, 유작으로〈춘경산수도〉春景山水圖 등이 전한다.

이학규李學逵   1770(영조 46)~1835(순조 35). 본관은 평창, 자는 성수惺叟, 호는 낙하생洛下生. 18세 때『규장전운』奎章全韻의 수교讎校를 맡았다. 신유사옥 후 24년간 김해로 유배되었다. 저서로『명물고』名物考,『문의당고』文猗堂稿 등이 있다.

임수간任守幹   1665(현종 6)~1721(경종 1). 본관은 풍천, 자는 용여用汝, 호는 돈와遯窩. 1694년 문과에 급제하였고, 1709년 사가독서賜暇讀書를 하였다. 경사經史에 밝았으며 음률·상수象數·병법·지리 등에도 해박하였다. 저서로『돈와유집』이 있다.

장혼張混   1759(영조 35)~1828(순조 28). 조선 후기의 여항 시인. 본관은 결성

結城, 자는 원일元一, 호는 이이엄而已广·공공자空空子. 천수경千壽慶 등과 함께 송석원시사松石園詩社를 결성하여 중추적 역할을 담당하였다. 저서로 『이이엄집』이 있다.

전림錢林 중국 청나라 인화仁和 사람. 자는 동생東生·지매志枚, 호는 금속金粟, 원명은 복림福林. 진사에 급제하여 시독학사에 이르렀다. 저서로 『문헌징존』文獻徵存, 『옥산초당집』玉山草堂集이 있다.

정범조丁範祖 1723(경종 3)~1801(순조 1). 조선 후기의 문신. 본관은 나주, 자는 법세法世, 호는 해좌海左, 시호는 문헌文憲. 1763년 문과에 급제하였고, 이조 참판·형조 판서 등을 역임하였다. 시문에 뛰어나 영조와 정조의 총애를 받았다. 저서로 『해좌집』이 있다.

정약용丁若鏞 1762(영조 38)~1836(헌종 2). 본관은 나주, 자는 미용美庸·귀농歸農·용보頌甫, 호는 삼미자三眉子·다산茶山·사암俟菴·자하도인紫霞道人·태수苔叟·문암일인門巖逸人·탁옹籜翁·철마산초鐵馬山樵, 당호는 여유당與猶堂·사의재四宜齋, 시호는 문도文度. 1789년 문과에 급제하여 곡산 부사와 형조 참의를 지냈다. 1801년 신유박해 때 장기로 귀양 갔다가, 강진으로 이배移配되어 18년간 유배 생활을 하였다. 유배 기간 동안 학문에 몰두하여 많은 저술을 남겼는데, 『여유당전서』로 간행되었다.

정위丁謂 중국 송나라 장주長洲 사람으로, 자는 위지謂之·공언公言. 진사에 급제하여 소문관昭文館 대학사에 이르렀고 진국공晉國公에 봉해졌다. 그림·음률 등에 뛰어났다. 저서에 『호구집』虎丘集, 『도필집』刀筆集 등이 있다.

정재운丁載運 1739(영조 15)~1816(순조 16). 본관은 나주, 자는 영회永會, 호

는 치와癡窩, 정지해丁志諧의 아들로 정지열丁志說에게 입양되었다. 1774년 진사시에 급제하여 옥천군수를 지냈다.

정학연丁學淵　　1783(정조 7)~1859(철종 10). 본관은 나주, 아명은 학가學稼, 자는 치수穉修, 호는 유산酉山. 정약용의 장남. 시문에 능했고 의술에도 밝았다. 감역을 지냈다. 저서로 『종축회통』種畜會通이 있다.

정학유丁學游　　1786(정조 10)~1855(철종 6). 본관은 나주, 아명은 학포學圃·문장文牂, 자는 치구穉求. 정약용의 둘째 아들. 「농가월령가」農家月令歌의 저자로 알려져 있으며, 편서로 『시명다식』詩名多識이 있다.

조병현趙秉鉉　　1791(정조 15)~1849(철종 1). 조선 후기의 문신. 본관은 풍양, 자는 경길景吉, 호는 성재成齋·우당羽堂. 1822년 문과에 급제한 뒤, 병조 판서를 지냈다. 1838년 기해박해를 일으켜 천주교를 탄압하였다. 그 뒤 탄핵을 받아 지도智島에서 사사되었다.

조수삼趙秀三　　1762(영조 38)~1849(헌종 15). 조선 후기 여항 시인. 본관은 한양, 자는 지원芝園, 호는 추재秋齋. 여섯 차례나 중국을 내왕하며 문명을 날렸고, 중국어에도 능통했다. 저서로는 『추재시초』, 『추재기이』秋齋紀異 등이 있다.

조태억趙泰億　　1675(숙종 1)~1728(영조 4). 본관은 양주楊州, 자는 대년大年, 호는 겸재謙齋·태록당胎祿堂, 시호는 문충文忠. 신임사화를 일으켜 노론을 거세하고 형조 판서 등을 지냈다. 저서에 『겸재집』이 있다.

조현명趙顯命　　1690(숙종 16)~1752(영조 28). 조선 후기의 문신. 본관은 풍양, 자는 치회稚晦, 호는 귀록歸鹿·녹옹鹿翁, 시호는 충효忠孝. 1719년 문과에 급제하였고, 여러 관직을 역임한 뒤 1750년 영의정에 올랐다. 저서로 『귀록집』이 있고, 『해동가요』海東歌謠에 시조 1수가 전한다.

주공周公 중국 주나라 문왕의 아들이며 무왕의 동생으로 이름은 단旦. 무왕을 도와 은나라를 멸망시켰다. 무왕이 죽자 성왕을 도와 주나라의 예악 제도를 정비하였다. 『주례』周禮를 저술했다고 알려졌다.

주옹周顒 중국 남제 사람으로, 자는 언륜彦倫. 국자박사를 지냈다. 예서를 잘 썼고 불교 교리에 뛰어났다. 저서에 『삼종론』三宗論이 있다.

중봉中峰 중국 원나라 승려. 속성은 손孫, 이름은 명본明本, 중봉은 호. 24세에 출가하여 개오開悟하였다. 불자원조선사佛慈圓照禪師라는 호와 보응국사普應國師라는 시호를 받았다. 저서로 『광록』廣錄이 있다.

증기曾幾 중국 송나라 사람. 자는 길보吉甫, 다산거사茶山居士라 자호하였다. 학식이 풍부하였고 시에 뛰어났다. 저서에 『역석상』易釋象, 『다산집』이 있는데, 모두 일실되었다.

지숭志崇 중국 당나라 때 각림사覺林寺의 승려. 경뢰소驚雷笑·훤초대萱草帶·시용향柴茸香 등 세 가지 차를 만들었다고 한다.

진계유陳繼儒 중국 명나라 화정華亭 사람. 자는 중순仲醇, 호는 미공眉公·미공麋公. 곤산崑山 남쪽에 은거하여 저술에 몰두하였고 시문과 서화에 뛰어났다. 저서로 『미공전집』, 『복수전서』福壽全書 등이 있다.

진여의陳與義 중국 남송 낙양洛陽 사람. 자는 거비去非, 호는 간재簡齋. 참지

정사를 지냈으며, 강서시파江西詩派에 속하는 시인이다. 저서로『간재집』이 있다.

채양蔡襄　　중국 송나라 때 선유仙遊 사람으로, 자는 군모君謨, 시호는 충혜忠惠. 시문을 잘 지었고 필법이 뛰어났다. 개봉부와 복주福州·천주泉州·항주杭州 등을 맡아 다스렸다. 저서로『다록』茶錄,『여지보』荔枝譜,『채충혜집』등이 있다.

채제공蔡濟恭　　1720(숙종 46)~1799(정조 23). 조선 후기의 문신. 본관은 평강, 자는 백규伯規, 호는 번암樊巖, 시호는 문숙文肅. 1743년 문과에 급제하였고, 정조의 총애를 받아 영의정까지 역임하였다. 저서로『번암집』이 있는데, 권두에 정조의 친필어찰 및 교지를 수록하였다.

한계원韓啓源　　1814(순조 14)~1882(고종 19). 본관은 청주, 자는 공우公祐, 호는 유하柳下. 1835년 문과에 급제하여 우의정까지 올랐다.

한용의韓用儀　　1772(영조 48)~?. 본관은 청주, 자는 백우伯羽. 1801년 문과에 급제하였다.

한유韓愈　　중국 당나라 때 창려昌黎 사람으로, 자는 퇴지退之. 당송팔대가의 한 사람이며, 고문古文운동을 주도하였다. 벼슬은 이부 시랑에 이르렀다. 저서로『창려선생집』이 있다.

허련許鍊　　1809(순조9)~1892(고종29). 본관은 양천, 자는 마힐摩詰, 호는 소치小癡. 허유許維로 개명했다. 진도 출신으로, 김정희의 제자가 되었다. 시·서·화 삼절로 일컬어졌으며, 특히 산수·인물·묵화에 뛰어났다. 벼슬은 지중추부사에 이르렀다.

허훈許薰   1836(헌종 2)~1907. 본관은 김해金海, 호는 방산舫山. 을미사변이 일어나자 항일운동에 나섰다. 1896년 진보眞寶의 의병장으로 추대되어 안동·영해·영양 등지에서 무장항일투쟁을 벌이다 사망하였다. 1990년 건국훈장 애국장이 추서되었다.

혜장惠藏   1772(영조 48)~1811(순조 11). 자는 무진無盡, 호는 연파蓮波·아암兒菴, 속성은 김金, 초명은 팔득八得. 두륜산 대흥사에서 출가하여 30세에 대흥사의 강석講席을 맡았다. 『주역』周易에 밝았으며, 정약용과 교유하였다. 저서로 『아암집』이 있다.

홍성모洪成謨   1814(순조 14)~1854(철종 5). 본관은 풍산, 자는 이옥而玉, 호는 약농葯農. 1852년 생원시에 합격했으며, 시와 글씨에 뛰어났다. 『해거재시초』海居齋詩鈔를 교열했다.

홍승억洪承億   1842(헌종 8)~1882(고종 19). 본관은 풍산, 자는 치만稚萬, 호는 심재心齋. 1859년 문과에 급제하여 이조 참판까지 지냈다.

홍양호洪良浩   1724(경종 4)~1802(순조 2). 조선 후기의 문신. 본관은 풍산, 자는 한사漢師, 호는 이계耳溪, 시호는 문헌文獻. 1752년 문과에 급제하여 평안도 관찰사·이조 판서 등을 거쳤으며 대제학을 역임하였다. 저서로 『이계집』, 『육서경위』六書經緯, 『해동명장전』海東名將傳 등이 있다.

홍우철洪祐喆   1813(순조 13)~1853(철종 4). 본관은 풍산, 자는 윤명允明, 호는 초당蕉堂. 홍현주의 아들. 1834년 문과에 급제하여 성균관 대사성을 지냈다.

홍한주洪翰周   1798(정조 22)~1868(고종 5). 본관은 풍산, 자는 헌경憲卿, 호는 해사海士. 음보로 출사하여 돈녕부 도정을 지냈다. 저서로 『지수염필』智水拈筆이 있다.

홍현주洪顯周   1793(정조 17)~1865(고종 2). 본관은 풍산, 자는 세숙世叔, 호는 해거재海居齋·약헌約軒. 홍석주洪奭周의 아우. 정조의 둘째딸 숙선 옹주淑善翁主와 결혼하여 영명위에 봉해졌다. 저서로 『해거재시집』이 있다.

홍희인洪羲人   1778(정조 2)~1837(헌종 3). 본관은 풍산, 자는 태초太初, 호는 저원樗園. 규장각 검서를 거쳐 안협현감을 지내다 해직된 뒤, 시주詩酒를 즐기며 생활했다.

황정견黃庭堅   중국 송나라의 시인. 자는 노직魯直, 호는 부옹涪翁·산곡도인山谷道人, 시호는 문절선생文節先生. 시에 뛰어나 소식과 함께 '소황' 蘇黃으로 병칭되었다. 해서로 일가를 이루었다. 저서에 『산곡집』이 있다.

효명 세자孝明世子   1809(순조 9)~1830(순조 30). 순조의 세자. 자는 덕인德寅, 호는 경헌敬軒, 시호는 효명孝明, 익종翼宗으로 추존되었다. 1812년 왕세자에 책봉되었으며, 1827년 헌종을 낳았다. 1827년 대리청정을 하였으나 4년 만에 죽었다. 능은 수릉綏陵이다. 저서로 『경헌집』이 있다.

서명 사전

가오고략嘉梧藁略 조선 말기의 학자 이유원李裕元의 시문집. 필사본 13책. 잡저에 수록된 「동사찬」東史贊은 우리나라 역사를 순차적으로 편찬한 것으로 사학 연구에 도움을 받을 수 있으며, 「악부」樂府는 기자악箕子樂부터 삼한·삼국·고려·조선조에 걸친 역대의 악부를 모은 것으로 국악國樂 연구에 훌륭한 자료이다.

경수당전고警修堂全藁 조선 후기 문인 신위申緯의 시집. 85권 16책. 총 4000여 수의 시가 수록되어 있으며, 우리 문학연구에 귀중한 자료가 많다. 특히 시조時調를 한역漢譯한 「소악부」小樂府 40수와 고려·조선조 문인들의 시를 한시로 비평한 「동인논시절구」東人論詩絕句 35수, 연희演戱를 관람하고 지은 「관극절구」觀劇絕句 20수 등이 널리 알려져 있다.

경헌집敬軒集 조선 후기 순조의 왕세자 익종翼宗의 시문집. 12권 6책. 필사본. 서문·발문이 없어 필사연도를 알 수 없다. 권말에 부록된 「경헌시초」는 익종이 왕세자로 있을 때 저술하여 자필로 필사한 것으로, 시 150수가 수록되어 있다.

광아廣雅 중국 삼국 시대 위衛나라 장읍張揖이 편찬한 한자 자전. 총 10권. 일명 『박아』博雅. 주공周公이 지은 『이아』爾雅를 증보한 것으로, 고서의 자구나 경서를 고증하여 주석하였다. 내용은 『이아』와 중복되지 않는다.

낙하생집洛下生集 이학규李學逵의 시문집. 신유옥사에 연루되어 24년간 유배되었던 김해에서 지은 작품이 대부분이다. 하층민들의 괴로운 삶을 노래하거나, 우리 역사를 소재로 한 악부시樂府詩, 김해의 풍속 등을 노래한 기속시紀俗詩가 많다.

다경茶經　　중국 당나라 육우陸羽가 지은 다서. 총 3권. 760년경에 간행되었다. 상권은 차의 기원·차를 만드는 법과 도구, 중권은 다기茶器, 하권은 차를 끓이는 법과 마시는 법·생산지와 문헌 등이 기록되어 있다.

동국여지승람東國輿地勝覽　　조선 성종의 명에 따라 노사신盧思愼 등이 편찬한 지리서. 총 55권. 『대명일통지』大明一統志를 참고하여 팔도의 지리·풍속 등을 기록하였다. 1530년(중종25년)에 증보되었다.

만보전서萬寶全書　　명말 청초에 간행된 일종의 백과사전. 명나라 말기 강남지역의 문인과 출판업자가 민간에서 필요로 하는 각종 지식정보를 분류하고 편집해서 엮은 것이다. 청나라 모환문毛煥文에 의해 증보되었다. 우리나라에서 『만보전서언해』가 출간되기도 하였다.

신이기神異記　　중국 한나라 동방삭東方朔이 짓고, 진晉나라의 장화張華가 주해했다고 알려진 지괴집志怪集. 보통 『신이경』神異經이라고 한다. 1권. 대체로 세상 밖의 황당하고 신이한 이야기들이 기록되어 있다.

십육탕품十六湯品　　중국 당나라 소이蘇廙가 지은 다서. 1권. 물을 끓이는 것이 차 맛의 우열을 결정한다고 생각하고, 육우의 『다경』에 기록된 자다법煮茶法을 분석하여 16가지로 나누어 설명해놓았다.

아언각비雅言覺非　　정약용이 1819년에 지은 어원 연구서. 총 3권. 한국의 속어 중에서 와전되거나 어원과 용처用處가 모호한 것을 고증한 책으로 모두 200항목에 달한다. 당시 한자의 사용에 착오가 많아 이를 바로잡기 위하여 저술한 것이다.

안자춘추晏子春秋　　중국 춘추 시대 제나라 안영晏嬰의 언행을 기록한 책. 안영의 자찬自撰이라 전하나 후세 사람의 편찬으로 보인다. 유가와 묵가의 사상을 절충하여 절검주의節儉主義를 설명하였다.

여유당전서與猶堂全書　　정약용의 저술을 총정리한 문집. 154권 76책. 활자본. 여유당은 정약용의 당호堂號. 1934~1938년에 걸쳐 신조선사新朝鮮社에서 발행되었다. 이 책의 편자는 외현손 김성진金誠鎭이며, 정인보鄭寅普와 안재홍安在鴻이 함께 교열에 참여하였다.

유마경維摩經　　대승불교 경전의 하나. 총 3권. 『불가사의해탈경』不可思議解脫經, 『유마힐소설경』維摩詰所說經, 『정명경』淨名經이라고도 한다. 부처님의 속제자俗弟子인 유마거사와 문수보살의 문답을 기록한 것이다.

은송당집恩誦堂集　　이상적李尙迪의 시문집. 총 24권. 중국 우박계관藕舶溪館에서 간행되었다. 문文과 시詩의 권수가 각각 따로 매겨져 있으며, 시는 연대순으로 편집되어 있다.

이아爾雅　　중국 고대 경전에 나오는 물명物名을 주해한 책. 13경의 하나. 천문·지리·음악·기재器材·초목·조수鳥獸 등의 낱말을 해석했다. 주공이 지은 것으로 전해졌으나, 주대에서 한대까지의 여러 학자가 여러 경서의 주석을 채록한 것이다.

이원異苑　　중국 육조 시대 송나라의 유경숙劉敬叔이 편찬한 설화집. 총 10권. 당시의 인물들에 관한 기괴한 이야기, 민간에 전해지는 초자연적인 설화 및 불교 설화 등이 주된 내용이다.

임하필기林下筆記　　이유원李裕元의 저서. 총 39권. 경經·사史·자子·집集을 비롯하여 조선의 전고典故·역사·시문詩文·정치·궁중비사宮中秘史 등 각 부문을 사료적史料的인 입장에서 백과사전식으로 엮어놓았다.

장자莊子   중국 전국 시대의 사상가 장자莊子가 지은 책. 『노자』와 더불어 도가道家의 대표적인 저술이다. 내편 7권, 외편 15권, 잡편 11권으로 되어 있다. 내편은 장자의 근본 사상을 기술했고, 외편·잡편은 내편의 뜻을 부연 설명했다.

전다수기煎茶水記   중국 당나라 장우신張又新이 지은 다서. 원제는 『수경』水經이었는데, 『수경주』와의 혼돈을 피하기 위하여 바꾸었다. 자신이 직접 체험한 찻물의 등급을 논하였으나, 구양수로부터 비판을 받았다.

청이록清異錄   중국 송나라 도곡陶穀이 지은 책. 총 2권. 중국 당나라 및 오대 때의 새롭고 신기한 이야기를 수록하였다.

치원유고巵園遺稿   정약용의 강진 유배 시절 제자인 황상黃裳의 시문집. 2책. 「정황계안」丁黃契案은 「다신계절목」茶信契節目과 함께 귀중한 자료이며, 또 정학연 형제의 시문과 서간이 상당수 실려 있다.

한서漢書   중국 후한의 반고班固가 편찬한 역사서. 전한 시대의 역사를 기록하였다. 총 120권. 중국 정사의 하나.

해거재시초海居齋詩鈔   조선 후기 문인 홍현주洪顯周의 시집. 3권 1책. 활자본. 조카 우건祐建이 편집하여 1832년(순조 32)에 간행되었다. 권1은 14세~35세, 권2는 36세~38세, 권3은 그 이후의 작품이 실려 있다. 특히 권2에는 시림정市林亭을 중심으로 이만용李晩用·이헌명李憲明 등과 시회詩會를 열어 지은 시가 많다. 윤정진尹正鎭은 그의 시를 '온유돈후溫柔敦厚하고 담일澹逸하여 막힌 데가 없다'고 평가하였다.

찾아보기

찾아보기의 범위는 번역문과 출전으로 제한

ㄱ

『가오고략』嘉梧藁略　272, 276~278, 280~282, 284, 285
감로수甘露水　77
감로차甘露茶　171
강로姜浩　283
강왕곡康王谷 물　101
강위姜瑋　192
건안다建安茶　186
게눈(蟹眼)　74, 127, 145, 202, 205, 245, 263, 264, 271
겸謙 스님　213
『겸재집』謙齋集　24
경뢰소차驚雷笑茶　160
경박景博→이광문李光文
경산經山→정원용鄭元容
『경수당전고』敬修堂全藁　82, 84, 87, 89, 93, 94, 98, 100, 102, 103, 105, 106, 108, 111, 112, 114
『경수당집』警修堂集　115~117
『경헌집』敬軒集　265
고경古鏡 스님　270
고저顧渚→육구몽陸龜蒙
『고환당수초』古歡堂收艸　288
공세公世→김이교金履喬
구양수歐陽修　276
군실君實→사마광司馬光
『귀록집』歸鹿集　28
금강령차金剛靈茶　290, 292
금령錦舲→박영보朴永輔
금청휘琴淸徽　72
급암汲黯　209

기공己公　51
기윤紀昀　85
길상예吉祥蕊　172
김매순金邁淳　116
김명희金命喜　163, 167
김석준金奭準　260
김양순金陽淳　215
김양한金亮漢　294
김유근金逌根　104, 188
김이교金履喬　78
김인항金仁恒　156
김정희金正喜　88, 89, 197, 270
김흥근金興根　204

ㄴ

『낙하생집』洛下生集　118, 121~123
난성欒城→소철蘇轍
남령수南零水　295
남병철南秉哲　204
남조南朝→육우陸羽
노동盧仝　193, 200, 252
노아차露芽茶　167
노자老子　227
녹설차綠雪茶　262
녹향차綠香茶　173
뇌소雷笑　171

ㄷ

『다경』茶經　63, 104, 192, 209, 255, 271, 294

다병 279
다산茶山→정약용丁若鏞
다산茶山→증기曾幾
『다산사경첩』茶山四景帖 62
『다산시문집』茶山詩文集 47~49, 52, 54, 55, 58, 59, 63
다회茶會 44
단구자丹邱子 171
단봉차團鳳茶 209
『담인집』澹人集 250
『담정유고』藫庭遺藁 73, 74
도잠道潛 99
도촌道村→김인항金仁恒
동다송東茶頌 170
동방삭東方朔 145
『동번집』東樊集 208, 210
동천東泉→정약용丁若鏞
동파東坡→소식蘇軾
두강차頭綱茶 171, 195, 197
두계荳溪→박종훈朴宗薰
두보杜甫 55, 226, 229, 237
『두실존고』斗室存稿 76, 78~80
두우杜佑 209
『두타초』頭陀草 26, 27
『둔와유고』遯窩遺稿 21, 23
떡차(餠茶) 172

몽산차蒙山茶 172
문동文同 53
문제文帝 171
미명彌明 53
미천尾泉 46, 232

ㅂ

박경로朴景路 255
박영보朴永輔 96
박종훈朴宗薰 78
『방산시고』舫山詩藁 267
『방산집』舫山集 290
방옹放翁 222
백수탕百壽湯 172
백승설차白勝雪茶 235
백아곡白鴉谷 48
백파거사白坡居士 175
『번계시고』樊溪詩稿 70, 71
『번암집』樊巖集 32, 33
범성대范成大 63
벽유차碧乳茶 264
『병사』甁史 104
보이차普洱茶 74, 231, 271
봉단차鳳團茶 163
북원北苑 202
불함차不咸茶 255

ㅁ

만구집晩求集 292
만응오시차萬應午時茶 294
만허晩虛 197
맥과차麥顆茶 281
명선茗禪 202
모선毛仙 171
몽산蒙山 172

ㅅ

사마광司馬光 248
사마상여司馬相如 145
산천도인山泉道人→김명희金命喜
삼백병三百餠 124
삼여三如 110

『삼창관집』三倉館集 145, 147
삼초三焦 130
상앙商鞅 209
상저옹桑苧翁→육우陸羽
색성頤性 55
서영보徐榮輔 89
서희순徐憙淳 204
석옥 화상石屋和尙 157
『선언실권』宣言室卷 211
선지선之→정원용鄭元容
설화차雪花茶 172
섭지선葉志詵 85
성양화聖楊花 172
『성재집』成齋集 205
〈소계고은도〉莒溪高隱圖 88
소당小棠→김석준金奭準
소룡小龍→김양한金亮漢
소룡차小龍茶 209
소식蘇軾 99, 258, 271
소영사蕭潁士 249
소재蘇齋→신위申緯
『소재유고』篠齋遺藁 124, 125
소철蘇轍 258
소홍小紅→이용수李龍秀
소화小華→이광문李光文
송옥宋玉 150
송차淞茶 262
〈송풍간수도〉松風磵水圖 191
수벽탕秀碧湯 172
수액水厄 279
순가무가→박종훈朴宗薰
『순리어필집』蓴里魚正集 152
승련노인勝蓮老人→김정희金正喜
승설차勝雪茶 56
『식경』食經 171
신농씨神農氏 171
신다新茶 48

신순申淳 112
신위申緯 85, 92, 96, 116
신헌申櫶 164
심약沈約 276
쌍견차雙幵茶 227
쌍정차雙井茶 74, 172

ㅇ

아미蛾眉 79
『아암유집』兒菴遺集 136, 138, 140, 142
『아정유고』雅亭遺稿 40, 41
안영晏嬰 171
앙산차仰山茶 157
『양원유집』陽園遺集 296
양자강楊子江 130
엄산弇山→현재덕玄在德
『여유당전서보유』與猶堂全書補遺 67
『역천집』櫟泉集 30
『열반경』涅槃經 197
『영수합고』令壽閤稿 42
오신반五辛槃 195
오연상吳淵常 116
오취차烏嘴茶 281
오팽년차吳彭年茶 277
옥천玉川→노동盧仝
옹방강翁方綱 88
『완당전집』阮堂全集 187~189, 191, 192, 194, 195, 198
왕양명王陽明 85
왕자경王子敬 150
왕진붕王振鵬 88
요선堯仙 193
용단차龍團茶 46, 74
용봉단차龍鳳轉茶 172
용육龍肉 255

용정차龍井茶 165, 197
용향茸香 171
우석友石→이풍익李豊翼
우전차雨前茶 199, 268
우홍虞洪 171
운감차雲龕茶 172
운엄도인雲广道人 165
운유차雲腴茶 172
월간차月澗茶 172
월단차月團茶 231
월주요越州窯 145
유득공柳得恭 39
유산酉山→정학연丁學淵
『유송람시집』劉松嵐詩集 88
유안劉安 81
유자휘劉子翬 53
유장경劉長卿 44
유차油茶 142
유천乳泉 172
『유한집』幽閒集 206
유혜보柳惠甫→유득공柳得恭
유화乳花 271
육교六橋→이조묵李祖默
육구몽陸龜蒙 290
육안차陸安茶 172
육우陸羽 46, 51, 80, 94, 118, 192, 202, 209, 252, 271
육유陸游 222, 229
윤가기尹可基 39
윤영희尹永僖 63
윤정현尹定鉉 204
윤종삼尹鍾參 66
윤중약尹曾若→윤가기尹可基
윤지눌尹持訥 49
『은송당집』恩誦堂集 253, 254, 257, 259, 261, 262
이경재李景在 219

『이계집』耳溪集 37
이광문李光文 78
이만용李晩用 240, 244
이명오李明五 239
이복현李復鉉 235
이상적李尙迪 240, 242
이용수李龍秀 78
이유여李幼輿 186
『이이엄집』而已广集 45
이조묵李祖默 71
이조원李肇源 85
이천민李天民 233
이풍익李豊翼 246, 249
일주차日注茶 172
일창일기一槍一旗 199

ㅈ

자순차紫筍茶 53, 127
자영차紫英茶 171
자오천子午泉 85
자전子田→이용수李龍秀
자하대인紫霞大人→신위申緯
자하도인紫霞道人→신위申緯
작설차雀舌茶 281
정당시鄭當時 150
정소동鄭小同 104
정약용丁若鏞 65, 139, 144, 268, 270
정열수丁洌水→정약용丁若鏞
정옹丁翁→정약용丁若鏞
정운시鄭雲始 92
정원용鄭元容 78
정은貞隱→강로姜㳣
정학연丁學淵 66, 67, 148, 158, 244
제호醍醐 101, 171, 186
조병현趙秉鉉 204

조봉하趙鳳夏 205
『존재집』存齋集 129, 130, 132, 133, 135
주공周公 171
주란차珠蘭茶 245
주옹周顒 81
죽로차竹露茶 112, 255, 268, 270, 271
죽리竹里→김이교金履喬
중령中泠 255
중봉中峰 141
증기曾幾 94
진정秦精 171

ㅊ

차 부뚜막(茶竈) 61, 65
차 주전자(茶壺) 61, 260, 264
창槍 51
철비녹하차銕鼻綠霞茶 72
초의草衣 96, 99, 106, 110, 148, 170, 175, 185, 199, 202, 270, 285
『초의시고』艸衣詩稿 149, 153, 155〜158, 160 〜166, 169, 201
『초의집』艸衣集 183
추사秋史→김정희金正喜
『추재집』秋齋集 68
취도차翠濤茶 173
『치원유고』梔園遺稿 203

ㅋ·ㅌ·ㅍ

〈쾌설당첩〉快雪堂帖 88
탁옹籜翁→정약용丁若鏞
통정桶井 232
『풍서집』豊墅集 31

ㅎ

하지장賀知章 235
한계원韓啓源 166
한용의韓用儀 116
한치원韓致元 207
해거도인海居道人→홍현주洪顯周
『해거재시집』海居齋詩集 214, 217〜219, 221, 225, 227, 230
『해거재시초』海居齋詩鈔 232, 234, 236〜238
『해거재시초이집』海居齋詩鈔二集 239, 240, 242
『해옹시고』海翁詩藁 245
『해좌집』海左集 34
현재덕玄在德 127
혜산천惠山泉 130
혜장惠藏 51, 53, 55, 56
『호동서락기』湖東西洛記 287
홍승억洪承億 221
홍현주洪顯周 170
홍희인洪羲人 239
화유차花乳茶 166
환영桓榮 77
황매다고黃梅茶膏 207
황산곡黃山谷 271
황아차黃芽茶 264
황차黃茶 283